LE Dr H. THULIÉ

LA FOLIE

ET

LA LOI

PARIS
LIBRAIRIE CENTRALE
24, BOULEVARD DES ITALIENS.

1866

LA FOLIE

ET

LA LOI

DU MÊME AUTEUR

ÉTUDE SUR LE DÉLIRE AIGU

(Adrien Delahaye, éditeur.)

PARIS. — IMPRIMÉ CHEZ BONAVENTURE ET DUCESSOIS,
55, QUAI DES AUGUSTINS.

LE DR H. THULIÉ

LA FOLIE

ET

LA LOI

PARIS
LIBRAIRIE CENTRALE
24, BOULEVARD DES ITALIENS

1866

Lorsqu'une question sociale occupe les esprits, quand elle reparaît dans les conversations et les discussions du plus grand nombre, quand enfin la presse, quels que soient son drapeau et ses aspirations, s'en empare et la discute, il est évident qu'une réforme sociale est indispensable; car la presse est, en somme, l'expression, le reflet éclatant des désirs progressifs et des besoins sociaux de la génération vivante.

Depuis tantôt deux ans, la question des aliénés occupe tout Paris, on peut le dire, et quelque peu la province, la douce et lente province; quelques faits plus ou moins bien appréciés par le public ont frappé tous les esprits, ont inquiété l'opinion, et aujourd'hui, par ce temps d'ambition effrénée, de paresse sordide, de fortunes aussi absurdement faites que défaites, d'excès inouïs, imbéciles et quelquefois nécessaires, la folie que chacun sent suspendue sur sa tête, la terrible folie fait peur ; la question des aliénés est à l'ordre du jour.

Les feuilles religieuses, sceptiques, libérales ont attaqué de concert et avec une entente rare la loi du 30 juin 1838 et l'organisation des maisons d'aliénés ; parmi les *médecins,* deux seulement, MM. Turck et Brunet ont fait comme les journalistes et ont eu le courage, car c'est un véritable courage, d'écrire contre le système actuel de protection ; les autres sont restés indifférents ou l'ont défendu, et les plus acharnés dans cette défense, les plus violents et en même temps les plus dédaigneux sont les puissants de l'aliénation mentale.

Ils sont cependant bien à portée pour voir les misères de l'organisation actuelle ; mais les uns sont aveugles et les autres ferment les yeux.

Pourquoi donc cette rage d'immobilisme?...

L'homme jeune ne s'oublie pas dans la contemplation du passé; il porte ses regards vers l'avenir et ne voit le *bien* du présent que pour aspirer au *mieux,* de toute la force de son intelligence encore pleine d'illusions nobles. Pour le vieillard, l'avenir est un non-sens, le présent une décrépitude; il se souvient et regrette; tout est dans le passé pour lui, et, à mesure que ses forces décroissent, il croit voir le bien disparaître; il croit que tout s'efface, quand c'est lui qui s'affaisse vers le néant. Entre ces deux extrêmes est l'âge d'état qui vit dans l'admiration de soi-même, se carre dans le présent comme dans le définitif, l'absolu; toute tentative nouvelle le scandalise, tout essai d'amélioration le révolte; il se roidit contre les réformes les plus simples, les plus logiques, les plus indispensables, sans songer que chaque jour amène une transformation, en tout comme en lui-même, et qu'il y a une progression fatale que rien n'arrête et qui monte toujours. C'est une loi naturelle.

Telles sont les transformations de l'intelligence qui suit pas à pas l'évolution de la matière jusqu'à la désagrégation finale. Ainsi, c'est en vertu d'une loi que chacun de nous arrive à cette immobilité rigide et inconsciente, que les hommes qui ont apporté la lumière et contribué au progrès par leurs aspirations jeunes, leur travail, leur ambition surtout, arrivent à cette période d'état, s'arrêtent et ne comprennent plus le mouvement. Mais si l'homme vieillit, s'affaisse, meurt, l'humanité reste et marche.

On avance toujours ; c'est là le secret des luttes perpétuelles qui remplissent ce monde, luttes inhérentes à la vie sociale et aussi fatales que le renouvellement indéfini des hommes.

On compte des intelligences merveilleuses que la vieillesse ne peut atteindre ; elles sont en minorité. Toute tentative d'amélioration, toute aspiration progressive doit donc se heurter contre une majorité immobile et puissante.

Et dès lors, doit-on être surpris du bruit qui s'élève autour de toute réclamation, de tout projet, de tout essai nouveau ; et les réformes faites depuis vingt ans n'ont-elles pas été poursuivies par ces rumeurs malveillantes, mais nécessaires?...

La loi de 1838 a paru insuffisante; la presse l'a attaquée et le monde spécial, qui n'est cependant pas attaqué lui-même, auquel la révision de cette loi ne touche ou ne nuit en rien, a presque crié au scandale. Les stationnaires ont dit: « La loi est bonne, les intentions du législateur sont excellentes; à peine si quelques abus graves ont pu se glisser jusqu'ici... Tout est au mieux, ne touchez pas à la loi. » Elle est bonne, en effet, quand on la compare à ce qu'il y avait antérieurement; mais, aujourd'hui, on la veut meilleure; on demande qu'elle soit plus serrée, moins éludable, on veut enfin empêcher ces quelques abus avoués; tout le monde y est intéressé : la folie frappe aveuglément.

On a reproché aux journalistes de discuter une question dont ils ne peuvent, assure-t-on, connaître les éléments : il faut être aliéniste pour parler des aliénés. Le journalisme politique a donc été déclaré incompétent.

C'est un reproche mal fondé et une affirmation bien singulière et outrecuidante, quand il est question d'organisation sociale. Mais cette loi du 30 juin 1838, qui plonge les aliénistes dans une admiration convulsive, a-t-elle été faite par des aliénistes?... Parmi les législateurs qui l'ont projetée, discutée, votée, je vois des ministres, des pairs de France, des députés, et pas un aliéniste, pas un homme compétent.

Je connais les maisons spéciales, j'ai vécu au milieu des aliénés, je suis compétent en un mot, et je me range du côté des journalistes; j'attaque.

Mon travail est divisé en trois chapitres :

1° Les aliénés. — Je cherche à prouver qu'il est indispensable d'isoler le plus grand nombre des malades; je combats les modes d'organisation nouvellement proposés, aussi dangereux pour la sécurité de l'aliéné que pour celle de la société.

2° La loi. — Je l'attaque dans plusieurs de ses articles comme insuffisante à protéger le malade et dangereuse POUR LA LIBERTÉ INDIVIDUELLE.

3° La réforme.

Il est tout naturel que ces aspirations honnêtes, en supposant qu'il n'y ait là que des aspirations et non pas un besoin, soient accueillies avec défaveur et peut-être avec colère. C'est dans l'ordre des choses. Quoi qu'il en soit, et en admettant même que cette loi n'ait jamais laissé de porte ouverte à l'erreur ou au crime, il suffit de constater son insuffisance pour qu'une réforme soit nécessaire ; c'est un devoir de la réclamer.

LA FOLIE
ET LA LOI

I
ALIÉNÉS

LE MALADE DANS L'ASILE.

On est très-étonné, quand on visite les maisons d'aliénés, de voir la tranquillité qui règne au milieu des malades, tranquillité qui paraît d'autant plus grande qu'on se figure y rencontrer la folie avec tout son cortége de cris, de fureur, de violences. Souvent, les visiteurs, en sortant de la division des agités, demandent à voir les *furieux*, et ils ne sont pas peu surpris, en apprenant qu'ils viennent de passer quelques minutes au milieu de ces furieux, qu'ils ont observés se promenant isolés le plus souvent, gesticulant quelquefois, parlant seuls, s'adressant aux murs ou à l'espace, libres de leurs mouvements pour le plus grand nombre, mais dans un calme relatif qui frappe. Certes, il n'en est pas toujours ainsi, et, à certaines époques de l'année, cette apparence de calme disparaît : l'agitation devient bruyante, surtout dans les divisions de femmes où, toutes choses égales d'ailleurs, le bruit est plus intense, les vociférations plus communes, les colères plus vives.

En avançant vers les divisions des malades tranquilles, on voit avec surprise le calme régner presque absolument, et l'on se demande si les trois quarts de ces malheureux séquestrés ne pourraient pas vivre au dehors dans les mêmes conditions de régularité qu'à l'intérieur d'un asile.

Il faut se l'avouer, une visite, deux visites, dix visites dans une maison d'aliénés, ne suffisent pas pour se rendre compte de ce qu'est un cerveau malade ; il y a des formes d'aliénation qui cachent, derrière une apparence de douceur et de raison, un délire impulsif des plus violents, des plus irrésistibles, qu'on ne peut comprendre ou reconnaître qu'après une longue fréquentation des aliénés. Vous voyez, dans une division d'agités, un homme maintenu par la camisole de force ; il vient à vous, parle avec calme et suite, vous entretient de sa famille et de sa liberté avec émotion; et, lorsqu'il vous fait toucher du doigt sa misère, sa douleur de vivre loin des siens, au milieu de gens que vous voyez grimaçant, parlant sans suite, riant sans sujet, vous êtes profondément ému vous-même et déplorez la barbarie de ceux qui le retiennent et l'attachent. Et lorsqu'on vous raconte qu'il y a une heure, ce même homme a déchiré ses vêtements, ses couvertures, brisé ses meubles, frappé son gardien ou un de ses compagnons d'infortune, vous doutez, vous restez incrédule. Mais si vous l'entretenez, en les déplorant, des méfaits du matin, de la nuit ou de la veille, il les déplore avec vous, gémit, et accuse sa détention de ces mouvements involontaires. A coup sûr, derrière ce désordre dans les actes, il y a un désordre dans les idées, qui ne se trahit pas, si un homme habitué et habile ne touche le point sensible, ne fait surgir le délire, comme s'il poussait un ressort.

Ce calme apparent, qui frappe tant lorsqu'on traverse les asiles, est le premier bienfait apporté par la séquestration. Depuis le maniaque le plus agité jusqu'au dément dépouillé de toute idée, de toute intelligence, cette influence se fait sentir vivement; la règle s'impose d'elle-même, et, au bout de peu de temps de séjour, chaque malade la suit automatiquement. Quelques impulsions involontaires, quelques accès d'agitation, viennent de temps en temps traverser ce calme souvent factice, puis bientôt tout s'apaise. — Au dehors, l'agitation irait croissant; car, chose remarquable, l'excitation appelle l'excitation comme l'ivresse appelle l'ivresse, et le malade libre, surexcité par ses paroles, par ses actes, par le mouvement extérieur, s'anime de plus en plus et en arrive à ces accès de fureur qu'on ne voit que rarement dans les maisons spéciales.

La discipline a une telle puissance que l'incurable dément, qui n'a plus que des instincts et végète comme une plante ou un animal inférieur, subit encore son influence; il sent, sans la comprendre, cette discipline peser sur lui; il obéit à la règle, comme le cheval obéit au mors.

Rien que cette obéissance passive, qu'il serait bien difficile d'obtenir au dehors, est déjà un grand bienfait pour l'individu atteint d'aliénation mentale; non-seulement parce que le médecin peut appliquer un traitement, mais encore parce que le malade ne peut se livrer à ces écarts d'existence, à ces tentatives dangereuses, au moins pour lui-même, quand elles ne le sont pas pour les autres. Pour le régime alimentaire seul, cela est d'une grande importance.

Qui n'a pas vu manger un dément ne peut juger quel danger courent ces malades devant tout ce qui se mange, et souvent même devant ce qui se mange le moins ; la sensation de la réplétion paraît amoindrie chez eux, et, quand ils ont commencé un repas, ils ne s'arrêtent plus. On a vu de ces malheureux remplir absolument leur tube digestif et présenter à l'autopsie une distension de l'estomac et de l'œsophage; on a trouvé des matières alimentaires jusque dans la bouche : le malade était mort asphyxié par compression de la trachée et pénétration de matières alimentaires dans le larynx. Ce n'est donc que grâce à l'influence que savent prendre les gens qui les soignent qu'on peut régulariser leurs repas ; car, dans la famille, forts de la faiblesse des gens qui les entourent, faiblesse dont ils ont conscience, ils deviennent furieux quand on veut les empêcher de se livrer à leur insatiable gloutonnerie.

Chez le maniaque, c'est le contraire qui est à craindre : le malade, excité, ne songe pas à manger ; les aliments sont devant lui et il ne les voit pas, occupé tout entier par les conceptions si rapides, si fugitives, qui se forment constamment dans son cerveau, tellement distrait et absorbé par le délire que souvent il parle et crie la bouche pleine, ne se rappelant pas qu'il doit déglutir. Ce n'est que grâce à l'influence qui pèse sur lui, qu'à certaines heures il mange ; après peu de jours, il en a pris l'habitude.

Les mélancoliques, les hallucinés sont bien autrement difficiles, et il suffit d'avoir vu ces malades dans leur famille pour être assuré qu'il est impossible de les y conserver. Les soins qu'on leur prodigue, la faiblesse d'une mère ou d'une femme, font qu'ils n'en agissent qu'à leur volonté : les larmes qu'ils font verser les irritent et les plongent davantage dans leurs conceptions délirantes, leurs idées de suicide ou leur méfiance ; dans la maison de santé, sentant toujours que leurs fantaisies ne seront pas écoutées, ils suivent en gémissant la règle imposée, mais ils la suivent. Quiconque a étudié les aliénés sait, par ce qui s'est passé dans la famille, combien ces faiblesses nuisent au malade, qui, en vertu de sa liberté d'action, se replie de plus en plus en lui-même et s'isole chaque jour davantage dans son délire.

Ceci est dit pour les familles qui aiment leurs malades ; mais dans celles où cette tendresse n'existe pas, où l'aliéné est seulement une charge, que doit-il se passer ?...

L'asile a donc une salutaire influence sur l'aliéné ; non-seulement, il régularise la vie matérielle et permet l'application d'un traitement, mais encore il apaise et éloigne les excitations que la vie extérieure ne peut qu'entretenir et même exaspérer.

L'ALIÉNÉ DANS LA SOCIÉTÉ.

L'aliéné n'est pas seul en question : la société doit se protéger elle-même avec d'autant plus de précaution que, dans le cas d'aliénation mentale, l'auteur du délit ou du crime est irresponsable. Il ne faut pas que la misère de quelques hommes dont le cerveau est atteint touche assez fort la fibre sensible du philanthrope pour lui faire oublier ceux dont le cerveau est intact, surtout lorsqu'on est convaincu que les aliénés souffrent de leur affection et non du régime auquel ils sont soumis.

Il ne faut pas connaître l'aliénation mentale pour croire que les seuls malades dangereux soient les fous furieux. Ce sont ceux-là, au contraire, à l'égard desquels la sécurité est la plus grande ; en effet, un maniaque, toujours en mouvement, toujours criant, se débattant, avertit sans cesse qu'il faut se tenir sur ses gardes ; on ne le perd pas de vue, tous les moyens de répression sont prêts ; il n'a jamais le temps d'accomplir d'action fâcheuse, parce que son état d'excitation entretient la prudence, parce que les accidents qui pourraient survenir sont prévus et prévenus.

Les mélancoliques sont certainement beaucoup plus à craindre que les maniaques; je ne parle pas seulement de ceux qui sont mornes, désespérés et visiblement poursuivis par des idées de suicide, mais encore de ces malades doux, faciles à conduire, dont la tristesse n'est pas assez profonde pour éveiller la méfiance, dont les allures paraissent inoffensives.

L'observation suivante, prise dans un très-intéressant travail du docteur Rousselin [1], prouve combien on doit toujours se tenir sur ses gardes avec les malades en apparence très-faciles.

« En 1851, pendant mon internat à la maison de Charenton, je fus témoin du fait suivant :

« Une jeune femme de vingt-sept ans, après s'être promenée quelques heures dans les environs, vint se précipiter dans la Marne, presque devant l'entrée de l'établissement.

« Le concierge de la maison de santé coopéra à

1. Dr Rousselin. *De l'utilité de la séquestration au début des maladies mentales*, etc.

son sauvetage, et j'arrivai pour lui donner des soins au moment où on la sortait de l'eau.

« On l'introduisit dans une des dépendances de l'hôpital du canton.

« Elle respirait encore. Pendant qu'on lui préparait un lit, on lui enleva ses vêtements ; mais quelle ne fut pas notre surprise en découvrant sous ses jupons, attachée à l'une de ses jambes, au moyen de cordons habilement reliés entre eux, une petite fille de quinze à dix-huit mois ! Cette enfant avait cessé de respirer, et nous ne pûmes parvenir à la rappeler à la vie. Quant à la mère, elle fut sauvée.

« Voici ce qui s'était passé. La malheureuse mère appartenait à une famille des environs. *Elle était aliénée depuis quelques semaines.* Sa maladie n'était douteuse pour personne ; mais elle *n'était pas méchante ;* elle caressait et soignait sa petite fille. Souvent elle était triste et pleurait en regardant son enfant... Bref, on ne la croyait pas dangereuse, et l'on aimait mieux la conserver au sein de la famille que de la faire enfermer. Elle fut transportée à la Salpêtrière, et je l'ai perdue de vue.

« En la plaçant dans un asile dès le début de la maladie, on eût au moins sauvé l'enfant. »

Les démonomanes, qui sont irrésistiblement poussés à faire le mal, qui vous en avertissent avec désespoir, qui entendent la nuit, le jour, pendant leur travail, la voix du démon les exciter sans cesse à faire tel ou tel crime, tel ou tel scandale, sont très-dangereux et réussissent souvent dans leurs désolantes tentatives. Ces malheureux résistent longtemps, et c'est quand ils paraissent s'améliorer, quand ils ne parlent plus des obsessions démoniaques dont ils sont victimes, quand les idées dangereuses, en un mot, paraissent amoindries, qu'ils sont plus près d'obéir à leurs hallucinations, à commettre l'action funeste tant redoutée. Quelquefois, ils cherchent à échapper à cette torture par le suicide ; car c'est généralement sur les personnes qu'ils aiment le plus qu'ils sont poussés à porter leurs coups; mais, le plus souvent, ils exécutent leur projet, et alors que faire? Enregistrer une victime de plus par incurie.

Les théomanes sont plus dangereux encore, parce qu'ils éveillent moins de soupçons, moins de méfiance. Ces malades extatiques ne font craindre d'abord que pour eux-mêmes ; car ils abusent des jeûnes, des macérations ou refusent la nourriture, parce qu'ils sont convaincus que Dieu leur a donné, avec mille autres grâces, la faculté de vivre sans manger ; mais le danger n'est pas là seulement : presque tous ces théomanes sont des redresseurs de religions, destinés à faire revivre le culte dans sa pureté céleste ; le plus souvent, ces malheureux se croient apôtres, émanation spéciale de Dieu, le réceptacle de ses désirs, de ses volontés, l'exécuteur de ses décrets ; et il suffit que Dieu, dans une hallucination, leur ordonne de faire telle ou telle action, pour qu'ils tentent de l'accomplir aveuglément, sur l'heure, ne voyant d'obstacle ni dans l'amitié ou les liens du sang, ni dans les lois sociales ou le châtiment ; ils aspirent à la gloire du martyre. — Chaque année, on arrête dans les églises de ces hallucinés qui annoncent leur mission divine et proclament la parole de Dieu.

Il est une autre forme de théomanie plus rare et dont les actes malfaisants sont empreints d'une étrangeté navrante. Ces théomanes sont pleins d'amour et d'admiration pour les gens qui les entourent, s'attachent spécialement aux personnes qui les soignent et ne savent comment leur exprimer leur vénération, leur dévotion. Un seul nuage est dans leur esprit : ils sont désolés de voir l'objet de leur tendresse végéter encore sur la terre, cette vallée de larmes, alors que la place de l'être aimé est marquée dans le ciel. De ces malades ont frappé, et frappé mortellement, les gens qu'ils aimaient le plus; ils tuaient pour envoyer tout de suite l'objet de leur culte en paradis. — Ces cas sont rares.

Dans la monomanie, et au début, la volonté est encore assez forte pour que le malade puisse cacher les idées étranges qui occupent son esprit; mais, après un espace de temps plus ou moins long, elle devient impuissante, et l'aliéné se livre à tous les actes bizarres que lui inspirent sa raison faussée, ses conceptions maladives. Il est rare, d'ailleurs, que le délire, soit des paroles, soit des actes, reste stationnaire; le plus souvent, les excentricités du malade deviennent graduellement dangereuses pour lui-même et pour les gens qui l'entourent.

En mars 1861, on amena dans une maison de santé M. R. Aucun renseignement précis n'était encore fourni sur son genre d'aliénation. A la visite, M. R. paraissait très-irrité de sa séquestration; il parlait avec volubilité et justesse. Je transcris quelques mots qu'il prononça alors et qui sont insérés dans son observation : « Comment, monsieur, peut-on me traiter de fou, et m'enfermer comme un fou? Je suis écrivain; j'ai produit un livre qui est imprimé et qui traite des questions les plus nettes, les plus vraies, les plus concrètes, la comptabilité agricole. Non-seulement, il ne faut pas être fou pour produire ce travail ; mais encore pour produire n'importe quoi, une page, une phrase même, faut-il une grande netteté de jugement, une grande présence de raison : dans une phrase, tout s'enchaîne, tout se tient ; l'analyse logique nous le prouve, avec la moindre défaillance de raisonnement, il n'y a plus de phrase... Suis-je fou ?... »

M. R. était excité, gesticulait avec colère. — Ce n'est qu'après une longue conversation qu'il m'avoua ses projets et m'annonça qu'il voulait mettre d'accord la science et la religion. Il s'empressa de me donner comme exemple de son savoir-faire l'échantillon que voici : c'est le plan d'un grand ouvrage qu'il choisit au milieu d'une liasse énorme d'autres plans :

« Dans le chaos devaient se trouver ces éléments :

« La Mort ;

« Le Chon (Monk, issu de la Mort) ;

« Les Démons (Colères, Méchancetés, issues d'elles-mêmes) ;

« Les Mâcheux, qui ordonnaient les intermédiaires splendides de la vie ;

« Les Urses, les Rèches, les Fourbes, qui résidaient à la surface de l'abîme;

« Les Grandes Abominations (espaces solides) avec les Appesantis et les Grimaciers, les Visqueux et les Brinchus, que la Fécondité mère faisait surgir;

« Les Farouches, qui se jouaient dans les espaces nouvellement enfantés ;

« Puis les Puissances angéliques qui, s'unissant entre elles, formaient le monde ;

« Les Géants ;

« Et les Ombres. »

En dehors de ses travaux scientifiques et religieux, M. R. causait avec raison ; était-il donc nécessaire d'enfermer ce malade?... Voici ce qui s'était passé. Depuis très-longtemps, M. R. était aliéné. Sa famille lui faisait habiter, aux environs de Paris, un pavillon isolé. Pendant longtemps, ses courses géologiques, botaniques n'offrirent pas d'inconvénient; mais depuis un an environ son excitabilité était devenue extrême : il se disputait avec les paysans, les gardes, à tous les carrefours ; il en arrivait à ne plus manger que du pain et des herbes cueillies par lui, à battre son domestique quand celui-ci voulait lui faire prendre une nourriture plus substantielle; il rentrait souvent couvert d'ecchymoses; enfin, la violence devint tellement grande, ses attaques et ses brutalités si fréquentes, les plaintes si nombreuses, qu'on fut obligé de le séquestrer. S'il était resté en liberté, un accident grave serait arrivé tôt ou tard.

Ainsi dans ce cas, que je cite parce que c'est une des manifestations les plus douces de la folie qu'il m'ait été donné de voir, le malade se montrait de plus en plus dangereux, et il était devenu impossible de le laisser libre.

J'ai pu observer une autre forme de délire partiel plus grave, parce qu'il était moins facilement accessible à l'observation.

« M. X. est un employé intelligent; il a de la littérature et tourne facilement le vers. Après une vie de travail et d'étude, M. X. fut pris tout à coup d'idées bizarres qui inquiétèrent sa famille. « L'homme, disait-il, devait vivre en promiscuité avec toutes les femmes. » Il tenait des propos et faisait des gestes obscènes devant toutes les personnes du sexe qui venaient chez lui ou qu'il rencontrait chez ses connaissances ; il alla jusqu'à tenir les mêmes propos et faire les mêmes gestes devant ses jeunes filles, disant hautement qu'il était en droit de les posséder.

M. X. est envoyé dans une maison de santé; à son entrée, on ne peut constater la moindre défaillance d'esprit; il est impossible de lui faire parler des actes qui l'ont conduit dans la maison ; il tourne la question avec une adresse infinie. Il travaille, écrit ; on n'a rien à reprendre dans sa conduite ou dans ses discours; il parle de sa femme et de ses enfants avec une sensibilité qu'il sait faire partager. Après plusieurs mois de séjour, on le rend à sa famille; mais, dès les premiers jours, il retombe dans ses anciennes erreurs, tient les mêmes discours, poursuit ses filles avec acharnement, et un jour il se présente à elles dépouillé de tout vêtement. On le reconduit à la maison de santé, et, comme autrefois, il redevient un homme parfait de tout point.

Ce sont les formes les moins dangereuses du délire partiel. Les idées de persécution poussent les malades qui en sont atteints aux dernières extrémités; il n'est pas de choses qu'ils ne tentent pour se délivrer des obsessions qui les poursuivent sans relâche. Quand on assiste aux tourments de ces malheureux, on comprend les excès auxquels ils se portent ; car ils en arrivent à ne pas avoir une minute de calme : sans cesse une hallucination ou une illusion nouvelle leur montre un danger, un ennemi, une mort imminente ; on les accuse de tous les méfaits, on leur reproche les actions les plus honteuses et les plus méprisables, et tout cela est perçu avec une netteté désespérante qui leur fait dire, quand on cherche à leur prouver qu'ils sont victimes d'une erreur de leurs sens : « Mais j'entends tout cela aussi nettement que je vous entends; si je dois douter de ce que vous appelez mes hallucinations, je dois douter aussi de votre parole qui n'est ni plus claire ni plus nette. »

La démence est une des affections qui paraissent *a priori* les moins dangereuses. Les déments vivent doucement et le plus souvent sans violences ; on serait porté à croire qu'ils peuvent rester au dehors sans nuire à la société. Mais, à coup sûr, c'est l'être qui ne peut faire aucune différence entre ce qui est bien et ce qui est mal, qui commettra les actes les plus horribles. En effet, pour le dément, dénué de toute notion, de toute faculté de comparaison : casser du plâtre, déchirer un habit ou couper un homme en morceaux, a la même signification; il n'y voit pas de différence ; il coupe, voilà tout ; il s'occupe, il se distrait.

Quoique les fonctions intellectuelles soient éteintes, les instincts subsistent chez ces malades, et rien en eux-mêmes ne peut les empêcher de les satisfaire. Les appétits génésiaques surtout survivent souvent, et les déments se livrent sur eux-mêmes aux excès les plus fâcheux et cherchent à assouvir cet instinct de toutes les manières possibles ; il n'est pas rare de constater chez eux des accidents occasionnés par des tentatives monstrueuses. Ils se livrent à ces excès ouvertement, au grand jour, sans pudeur, avec le cynisme de l'innocence, comme les enfants, comme les animaux.

A la maison impériale de Charenton, on a l'habitude de faire travailler, en dehors des quartiers et dans les jardins de l'administration, les malades tranquilles. Un jour que je me promenais dans ces jardins avec M. Sémérie, mon collègue et ami, nous vîmes dans l'écurie de la maison un dément des plus inoffensifs juché sur une chaise qu'il avait placée derrière une des juments. Nous approchâmes, ne pouvant deviner ce qu'il pouvait faire dans cette position : il commettait le plus ignoble des crimes.

En nous voyant, il sourit doucement, et parut très-surpris quand nous lui fîmes une verte semonce, bien inutile du reste, en le renvoyant dans les divisions.

Est-il possible de laisser dans une famille des

êtres aussi inconscients d'eux-mêmes et d'autant plus dangereux qu'ils sont plus innocents ?

Les déments, comme les imbéciles, peuvent commettre le meurtre et l'incendie ; c'est l'incendie surtout qu'on a le plus souvent à déplorer, même dans des cas de maladie peu profonde.

L'observation suivante en fait foi :

« Le 16 juin 1846, le feu prit au grenier du maçon Appel et dévasta la plus grande partie du toit. Le bruit se répandit que le fils cadet du propriétaire était le coupable, et deux jours plus tard l'enfant l'avoua au commissaire de police, ainsi qu'à son père. Il donnait pour raison que son père et son frère aîné voulaient le forcer à travailler très-loin de la maison paternelle, et qu'il lui fallait marcher beaucoup tous les jours ; alors, dit-il, il résolut de mettre le feu à la maison de son père, parce qu'il faudra la reconstruire et que son travail se trouvera alors tout près de sa demeure. Dans cette intention, il acheta des allumettes, monta dans le grenier dans la nuit du 16 juin, et mit le feu au foin. Aussitôt après, il descendit bien vite au moyen d'une échelle et s'éloigna. L'employé de police n'hésita pas, après ce court entretien, à noter que l'inculpé était comme un imbécile.

« Mais l'enfant a fait plus tard des dépositions tout à fait différentes. Dans l'interrogatoire du 23 juin, il dit être retourné à la maison revenant d'un théâtre de marionnettes, et l'avoir trouvée en flammes ; il dit que, probablement, le feu a pris à cause de la négligence du cocher, et il prétend qu'il a avoué le fait à la police par suite de la peur qu'il avait d'être puni. Au bas de cet interrogatoire se trouve aussi une note disant : « Que A... présente des traces évidentes de faiblesse mentale. »

« Dans un autre interrogatoire qui eut lieu devant moi, le 11 juillet, ainsi que dans les entretiens ultérieurs que j'eus avec lui, il ne sut pas dire l'année de sa naissance. Il sait seulement qu'il a vingt et un ans et que le 13 février est le jour de sa naissance. Toutes les questions qu'on lui adressait, il les répétait avant d'y répondre ; ainsi : « Comment t'appelles-tu ? — Comment je m'appelle ? » Ce qui est très-caractéristique, car une telle conduite est ordinaire chez les personnes faibles d'esprit. Interrogé sur la cause de son action, l'accusé donna plusieurs motifs, dans les différents interrogatoires ; dans les entretiens qu'il eut avec moi, il dit qu'il avait voulu *les mettre en colère, eux qui l'avaient si souvent irrité.* Il prononce ces paroles avec un sourire niais et avec une certaine satisfaction. Il a raconté qu'il avait une fiancée, et cette fiancée n'a pu être trouvée à l'adresse indiquée ; il ajoute qu'il n'a jamais touché une femme; mais, sans qu'on le lui demande, il raconte que « tous les soirs il se livre à l'onanisme. » Il sait les dix commandements de Dieu ; il sait que mettre le feu à une maison est une mauvaise action. Quand je lui demandai s'il n'avait pas pensé que, commettant une mauvaise action, il en serait puni, qu'il détruisait le bien de son père et le sien propre, il répondit qu'il n'y avait pas réfléchi, qu'il avait seulement voulu *leur faire peur*. Le père de l'accusé, peu de jours après le fait, a demandé l'interdiction de son fils à cause d'aliénation mentale ; il s'est présenté avec deux attestations de maîtres d'école et une foule de faits à l'appui. Le père attribue la faiblesse d'esprit de son fils à un évanouissement qu'il a eu dans sa cinquième année ; il dit que son fils ne peut pas distinguer les différentes monnaies, qu'il n'a pas pu apprendre le métier de maçon, qu'il est toujours resté apprenti, qu'il joue pendant des journées entières avec de tout petits enfants, qu'il dépense pour lui l'argent qu'on lui donne pour faire des commissions, etc., etc. Quand on a vu A..., on croit facilement tout ce qui précède.

« C'est un garçon d'un extérieur nonchalant, affaibli par l'onanisme, ayant un regard insignifiant, stupide, ne fixant jamais son interlocuteur, répétant les questions qui lui sont adressées, parlant lentement et s'interrompant souvent avec un sourire niais. Une conversation soutenue n'est pas possible avec lui. Les traits frappants de son extérieur sont : une effronterie et une manière d'être puérile. « J'au-
« rai certainement dix ans de travaux forcés, » dit-il, avec une indifférence qui ne se trouve que chez les criminels les plus endurcis. « Dans dix ans,
« j'aurai trente et un ans, et je serai encore assez
« jeune pour commencer quelque chose. »

« Le père raconte qu'il emprunte partout de l'argent pour aller au théâtre des marionnettes. On voit qu'il manque de toute pudeur, par la honteuse indifférence avec laquelle il parle de ses excitations sexuelles journalières. A... n'a conscience du mal qu'il a fait que comme un enfant qui aurait cassé quelque chose. Ce n'est certes pas un criminel endurci, et pourtant il n'a aucun remords de ce qu'il a fait, du chagrin qu'il a causé à ses parents ; cependant il aime, sinon son père, du moins beaucoup sa mère. En résumé, il faut considérer que s'il a menti, s'il a voulu éviter la punition, et si son action ne manquait pas de motifs raisonnables, son mensonge n'a pas été opiniâtre : au premier mot confidentiel, il a avoué, comme le font souvent les enfants.

« Il y a certainement une *causa facinoris*, la vengeance contre son père et son frère ; mais il a plutôt voulu faire une malignité qu'autre chose. Comme il le dit lui-même, il a voulu « faire peur ; » et la disproportion entre la cause et l'effet est tellement évidente, qu'il faut le déclarer ou un criminel endurci ou un être niais et imbécile. J'adopte cette dernière manière de voir, et je conclus que A... a été arrêté dans son développement intellectuel et qu'on ne peut lui accorder qu'un degré très-restreint de responsabilité.

« A... fut acquitté [1]. »

J'ai choisi cette observation parce qu'elle prouve qu'une personne sans délire, présentant seulement un affaiblissement de l'intelligence restreint, — puisque le médecin légiste concluait, dans le cas cité, à la responsabilité partielle,—peut, poussée par un motif futile, commettre les actions les plus graves.

Chez les imbéciles, d'ailleurs, les accès de colère ne sont pas rares, la rancune ordinaire et tenace.

1. Casper. *Traité pratique de médecine légale*, t. I, p. 404.

Ce rapide coup d'œil sur les diverses formes de l'aliénation prouve le danger que feraient courir à la société le plus grand nombre des aliénés, s'ils vivaient librement, et la nécessité de leur séquestration. Cependant, pour être complet, je dois dire qu'on remarque dans les maisons de santé des déments et des imbéciles dont les instincts brutaux ont complétement disparu ou ne se sont jamais montrés; ces malades sont d'un caractère doux, facile et inaccessible à la rancune. On peut observer aussi des monomanes tranquilles dont le délire n'est que singulier et n'offre aucun danger pour la société, — ce sont les exceptions, — qui pourraient vivre au dehors sous une surveillance protectrice; mais ce n'est qu'après une observation longue et une étude approfondie du caractère qu'on pourra se décider à les mettre en liberté.

M. BRUNET ET M. TURCK.

Depuis deux ans, on a violemment critiqué la séquestration employée dans le traitement de l'aliénation mentale. Deux médecins se sont élevés contre les asiles : M. Brunet avec la mesure du bon sens et en homme qui connaît à fond la matière ; M. Turck avec la violence d'un philanthrope irrité, doublé d'un théoricien fantaisiste. La presse a reproduit les objections de M. Turck, et les asiles d'aliénés ont été accusés d'augmenter le nombre des malades, de les rendre incurables, de les tuer par le désespoir, etc., etc. Je vais examiner quelques-unes de ces objections.

Augmentation du nombre des séquestrations. — On a été effrayé, à juste titre, du nombre croissant des aliénés enfermés dans les asiles ; bien des raisons ont été invoquées pour expliquer cette progression inquiétante qui rend, malgré les constructions nombreuses faites depuis vingt-cinq ans, les hospices destinés à la folie tout à fait insuffisants.

M. le docteur Brunet en donne une des meilleures causes :

« On ne peut pas dire que la fréquence plus grande de l'aliénation mentale suffise pour rendre compte de cette progression considérable du nombre des séquestrations, et nous savons tous qu'elle tient surtout aux améliorations considérables apportées dans le régime des asiles, qui ont fait disparaître en partie les répugnances que les familles avaient d'y placer autrefois leurs membres atteints de troubles intellectuels ou affectifs, et à la loi du 30 juin 1838, qui a tant diminué les formalités d'admission [1]. »

Mais il y a une seconde cause aussi importante et en même temps tout à la louange des médecins spécialistes. Dans les affections incurables du système nerveux, ils se sont attachés surtout à augmenter la moyenne de l'existence. Ils ont réussi, et on est surpris de voir combien, avec une hygiène et un traitement appropriés, on a pu faire vivre, d'une vie artificielle pour ainsi dire, des malades qui autrefois mouraient dans un laps de temps assez court. Il n'y a que dans des familles riches, ou tout au moins aisées, où l'on puisse donner les soins indispensables dans certaines affections, soins aussi répugnants que possible, qui demandent une attention de tous les instants, et sans lesquels le malade est emporté par une maladie intercurrente ou par les progrès plus rapides des lésions cérébrales. On comprend donc que le chiffre des entrées restant stationnaire, le chiffre des malades séquestrés se soit élevé, par ce seul fait que la mortalité est moins grande.

Mais, malgré cela, et quoi qu'en dise M. Brunet, les cas d'aliénation mentale sont devenus plus fréquents depuis quelques années; pour Paris au moins, la moyenne des aliénés arrêtés sur la voie

1. Daniel Brunet. *Discours prononcé au congrès médical de Lyon.*

publique s'est élevée d'une façon prodigieuse. La société actuelle se livre à une vie fiévreuse qui explique le grand nombre de ces défaillances intellectuelles, et quand on considère les excès de tout genre qui sont faits chaque jour, on est surpris de voir la machine humaine résister à tant de chocs, supporter tant de travail, tant d'excessifs plaisirs, tant d'écrasantes et subites misères. On se ruine à vingt ans, on veut être célèbre à vingt-cinq et millionnaire à trente. Évidemment, toute force de résistance a ses limites, et, dans le tourbillon actuel, l'aliénation mentale ne peut qu'augmenter et atteindre des proportions terrifiantes.

Incurabilité. Imitation. — Une autre raison a été invoquée pour expliquer le nombre croissant des séquestrations ; le mode actuel de traitement en serait la seule et unique cause. M. le docteur Turck a dit, et on l'a répété, que le séjour dans une maison d'aliénés et en dehors de toute mauvaise application thérapeutique, devait fatalement entraîner l'incurabilité. Voici comment ; je cite M. Turck :

« La folie, en effet, quelle que soit sa forme, se propage très-aisément, par imitation, des fous aux personnes nerveuses, faciles à impressionner, disposées enfin à contracter la folie. Cela est su de tout le monde. Eh bien ! est-ce que les fous ne réunissent pas au plus haut degré toutes ces conditions, au moment où les efforts de la nature et de l'art les font toucher à la convalescence ? Est-ce que la vue de tous les misérables qui les entourent, vue si triste, même pour les personnes les plus fortes, les plus saines d'esprit, n'est pas suffisante en effet pour rendre inutiles tous les soins, et pour provoquer chez ces pauvres malades d'interminables rechutes [1] ? » Par conséquent, guérison impossible, incurabilité.

Je crois, comme M. Turck, à la transmission de la folie par imitation, et ce serait une raison de plus pour séquestrer les personnes frappées, afin d'éviter la propagation de la folie ; mais voyons d'abord si les raisons de M. Turck sont bonnes, et le rôle que l'imitation peut jouer dans une maison qui renferme plusieurs malades.

L'imitation n'offre de danger que pour les esprits accessibles aux impressions vives ; or l'aliéné, tout entier à son délire, est difficilement affecté par les choses du dehors. Je ne parle pas des déments qui

1. Turck, *L'École aliéniste française ; l'isolement des ous*, etc., p. 62.

ne perçoivent rien, dont l'intelligence est absolument obtuse, ni des paralytiques qui sont incurables et par conséquent ne peuvent pas le devenir, mais bien des autres affections mentales susceptibles de guérison. Qui a vécu dans les maisons d'aliénés sait parfaitement que les rapports entre aliénés sont très-rares : le maniaque gesticule et parle sans entendre, sans qu'on puisse fixer son esprit ; l'halluciné n'écoute ou ne voit que ses hallucinations ; le mélancolique, ou reste plongé dans une stupeur qu'il est quelquefois impossible de secouer, ou est absorbé par les idées dépressives et douloureuses qui remplissent son esprit et s'enferme absolument en lui-même. Après quelque temps d'observation, on reste convaincu que l'esprit de personnalité domine l'aliéné et que, exclusivement occupé par son propre délire, il reste inaccessible aux rêves, aux joies et aux douleurs des autres. Dans la période d'acuité, les malades ne peuvent donc se nuire entre eux.

Dans la convalescence, l'imitation n'est pas plus à craindre ; les asiles sont distribués de telle façon que les convalescents sont réunis et ne peuvent par conséquent se donner que l'exemple de la convalescence. D'ailleurs, je suis ici de l'avis du docteur Brunet et je crois qu'il serait utile pour la santé du malade qu'il fût rendu à la liberté dès que cette convalescence est confirmée.

Généralement, les monomanes se gardent bien de laisser percer leur délire ; ils vivent avec les convalescents sans les troubler de leurs conceptions bizarres, prêts toutefois à recommencer leurs excentricités, souvent dangereuses, dès qu'ils ont franchi le seuil de l'hospice. Beaucoup de monomanes doux, tranquilles, dont le délire n'est que bizarre, pourraient vivre au dehors. Il y en a d'incurables, libres dans Paris, connus de tout le monde et entièrement inoffensifs, qui ne sortiraient jamais d'un asile si une fois ils y entraient.

Dans ce cas encore, l'imitation n'est pas à craindre.

Mais pour un esprit sain et ouvert, facilement accessible aux impressions extérieures et profondément remué par elles, l'imitation, — je suis ici de l'avis de M. Turck, — présente de réels dangers.

Tout le monde est vivement frappé par la vue d'un aliéné, quel qu'il soit ; je n'ai jamais fait visiter une maison de fous à une personne sans qu'elle sortît des divisions dans un état de profonde tristesse; elle restait quelquefois longtemps sous le coup de ce pénible souvenir ; cependant, tous ces malades lui étaient indifférents, elle ne les avait jamais connus ou même rencontrés. Maintenant, qu'on se figure l'influence horrible que doit avoir un aliéné vivant dans sa famille ; à l'impression profonde et cruelle que fait éprouver la folie s'ajoute la douleur du parent ; chaque cri, chaque singularité frappe vivement au cœur ; un esprit sensible et impressionnable ne doit-il pas être fortement ébranlé par ces secousses journalières, et ne risque-t-il pas de succomber à son tour ?

Oui, je crois à l'influence de l'imitation ; les épidémies de folie nous forcent bien d'y croire, et c'est pourquoi on pourrait dire aux gens qui veulent évacuer les maisons spéciales : « Si l'on met en quarantaine un navire lorsqu'il apporte la fièvre jaune, pourquoi ne mettrait-on pas en quarantaine l'aliéné qui peut communiquer son délire ? »

Désespoir. — La privation de la liberté, a-t-on dit, est une cause de désespoir qui tue le malade. Les individus qui jouissent de toutes leurs facultés meurent rarement de désespoir ; ceux qui les ont perdues n'en meurent pas davantage.

Le sentiment de la liberté est celui qui persiste le plus, en effet ; et, à moins d'être dans une inertie intellectuelle absolue, le plus grand nombre des malades la réclament.

Mais ceux qui la demandent avec le plus d'instances, qui en sentent le plus vivement la privation, sont justement ceux qui pourraient le moins en jouir, si on leur ouvrait les portes toutes grandes; ce sont ces malheureux hallucinés, poursuivis par des ennemis imaginaires, qu'ils entendent, qu'ils voient quelquefois, qu'ils fuient toujours. Partout ils sont pourchassés, traqués, espionnés; ils ont cinq logements, dix quelquefois, ils en changent encore, partout ces ennemis sont présents. L'halluciné les entend dans la muraille, dans le plancher, dans son lit même ; des trous sont pratiqués au plafond ; l'espion le surveille à travers les moindres fissures ; il est présent à toute heure; l'aliéné se croit étudié dans ses moindres gestes, surveillé dans ses actions les plus secrètes, et il est bien sûr que cet infatigable persécuteur est là, puisqu'il entend sa voix, ses moqueries, ses ricanements.

Où donc cet halluciné sera-t-il libre, et la séquestration peut-elle augmenter son désespoir?... Le désespoir ne le tue pas cependant, car on a souvent le bonheur de guérir ces malheureux malades.

Les paralytiques qui ont du délire ambitieux réclament aussi leur liberté avec instance : la muraille de l'hospice les sépare de joies, de grandeurs, de gloires si grandes qu'ils ne peuvent trouver de mots pour les exprimer, et ils demandent à franchir la muraille. Que font-ils, ces malades, quand ils sont au dehors? Comme leur puissance et leurs richesses n'ont pas de limite, ils s'emparent de tous les objets qui tombent sous leur main, se livrent à tous les excès, offrent des millions à tout le monde et refusent avec violence de payer ce qu'ils ont pris ; ils s'agitent, battent ceux qui les contredisent ou réclament, et devienent dangereux. C'est ordinairement dans ces circonstances qu'on les arrête.

Les paralytiques sans délire, dont l'intelligence s'affaisse graduellement, ne demandent ordinairement rien et vivent dans la torpeur et l'inertie.

Dans un cas, cependant, j'ai vu ce sentiment de la liberté persister avec énergie. M. X., professeur de mathématiques, fut amené dans une maison d'aliénés, il était déjà à un degré avancé de la paralysie générale ; il ne lui restait plus que des lambeaux d'une belle intelligence ; la marche était difficile, la langue très-embarrassée. Chaque jour il demandait sa liberté avec instances ; peu à peu, sa langue s'embarrassa davantage : c'est à peine si l'on pouvait saisir le sens de son bégayement pâteux ; le mot de *liberté* seul était articulé d'une façon assez nette ; il paraissait réunir tous ses efforts pour le prononcer, et chaque fois deux grosses larmes roulaient de ses yeux. Bientôt ses jambes purent à peine le porter, la mémoire avait à peu près totalement disparu : il se perdait dans les cours, au réfectoire, dans le dortoir ; son langage était devenu incompréhensible, les quelques sons qu'il pouvait encore émettre se perdaient dans un balbutiement indéchiffrable ; il poursuivait cependant les médecins, faisait mille efforts pour se faire comprendre, et on devinait qu'il parlait de sa liberté quand on voyait couler les deux grosses larmes.

D'ailleurs, la presque totalité des paralytiques sont convaincus qu'ils sortiront dans une heure, dans quelques minutes, et la faiblesse de leur mémoire ne leur permet pas de se rappeler que c'est depuis plusieurs mois que cette conviction dure.

Les déments réclament aussi, mais c'est surtout quand ils entendent réclamer les autres. M. S. cependant y mettait plus d'insistance, c'était l'unique sujet de ses conversations ; malade doux, facile, il jouissait d'une assez grande liberté dans la maison de santé où il était enfermé depuis sept ou huit ans ; il sortait des divisions, allait dans les jardins de l'administration, sarclait, râtissait, arrosait. Il abordait avec la même familiarité directeur, médecin, internes, surveillants, et à tous répétait le même discours : « Les affaires sont les affaires, il faut me laisser sortir; je ne sais pourquoi ces coquins me retiennent ici; j'ai oublié à Boulogne-sur-Mer trois châles et une femme ; il faut que j'aille les prendre ; faites-moi sortir, entendez-vous, ce sont des coquins. » Puis il prenait son arrosoir, ou sa bêche, ou son râteau, et partait, répétant la même phrase, s'il rencontrait une nouvelle personne. Un jour que la même scène se renouvelait chez le concierge, celui-ci ouvrit la porte en disant : « Monsieur S., vous êtes libre. » Le malade fit en hésitant trois pas au dehors, mais rentra bien vite. On n'a jamais pu le décider à avancer davantage dans la rue.

Les mélancoliques ne demandent rien ; ils ne souffrent que par le fait de leur délire.

La privation de la liberté n'est réellement pénible que pour certains monomanes qui, à côté de leurs idées délirantes, conservent la nette appréciation de tout ce qui leur arrive.

Dans tous les cas, je n'ai jamais vu la privation

de la liberté chez les aliénés amener le désespoir, et encore moins la mort.

Le malade est bien moins sensible à la séquestration qu'un homme sain à l'emprisonnement. L'un a l'esprit entièrement occupé par des conceptions maladives, et ce n'est que par échappées qu'il regrette sa liberté ; l'autre apprécie et déplore sa captivité avec toute la force de son intelligence intacte.

Maladies des aliénés. — Voici un des arguments les plus puissants de M. Turck : « Un cinquième des aliénés meurt de pneumonie, deux cinquièmes meurent phthisiques, plus d'un cinquième succombe à des affections abdominales, et le reste à l'inflammation des méninges, à la fièvre cérébrale, à l'apoplexie, aux lésions organiques du cerveau ; ainsi, plus des quatre cinquièmes des fous meurent des mêmes maladies qui tuent les animaux sauvages enfermés dans nos ménageries ; ils meurent d'ennui et de désespoir. »

En supposant que ces calculs soient exacts, ce qui n'est pas, M. Turck n'a-t-il pas remarqué que les hommes qui n'ont jamais été enfermés dans des maisons de santé, ou dans des ménageries, meurent, eux aussi, d'affections du cerveau, de la poitrine ou de l'abdomen ? Non ; les aliénés, pas plus que les autres hommes, ne meurent de la gastrite de l'ennui, ou de la pneumonie du désespoir.

M. Turck ajoute plus loin : « Les plus désespérés *doivent* être ceux-là surtout qui succombent à la méningite, à la fièvre cérébrale, et ces désespérés meurent presque toujours la première année de leur réclusion dans les asiles. »

M. Turck n'en est pas bien sûr.

Ces désespérés entrent dans les maisons de santé avec une méningo-encéphalite, et meurent de leur méningo-encéphalite, sans désespoir.

Pour M. Turck, les causes presque exclusives de mortalité des aliénés séquestrés sont donc les affections diverses qu'engendre le séjour dans un hospice, et le désespoir. Ces deux causes s'ajoutant donnent à M. Turck l'explication de la mortalité effrayante qui frappe les malades enfermés dans les asiles; car, malgré tont l'optimisme et toutes les concessions possibles, il est obligé d'en arriver à la moyenne de 29 décès pour 100 dans une année. M. Parchappe a répondu à ces chiffres par des chiffres, et les deux moyennes sont loin de se ressembler. Je cite M. Parchappe [1] :

« *France.* — D'après la *Statistique générale* de la

1. *Discours* de M. Parchappe. — Victor Masson et fils, 1865.

France de 1842 à 1853, proportion annuelle de la mortalité dans l'ensemble des asiles :

	HOMMES		FEMMES		DEUX SEXES	
		sur 100		sur 100		sur 100
1842...	1 sur 6,10	ou 16,38	1 sur 7,83	ou 12,77	1 sur 6,90	ou 14,48
1843...	6,00	16,65	8,56	11,68	7,12	14,05
1844...	6,85	14,61	9,04	11,03	7,84	12,75
1845...	6,74	14,85	9,34	10,71	7,89	12,67
1846...	6,48	15,44	8,89	11,24	7,57	13,22
1847...	5,59	17,89	8,07	12,40	6,68	14,98
1848...	7,38	13,56	9,67	10,35	8,44	11,88
1849...	5,45	18,33	5,57	17,93	5,52	18,12
1850...	7,62	13,65	9,50	10,52	8,32	12,03
1851...	6,46	15,49	8,78	11,39	7,48	13,37
1852...	6,83	14,63	8,79	11,40	7,71	12,97
1853...	6,20	15,99	7,74	12,90	6,94	14,41
Moyenne des 12 années :	6,44	15,52	8,30	12,05	7,27	13,75

DE 1844 A 1852 :

Dans les asiles appartenant à l'État.	1 sur 7,90	ou 12,66 sur 100
Dans les établissements hospitaliers.	1	6,45	15,50
Dans les établissements privés......	1	8,10	12,35

Dans l'impossibilité, où je me trouve actuellement de fournir les résultats de la mortalité dans l'ensemble de nos asiles pour les années postérieures à 1853, je crois utile d'indiquer ceux que j'ai constatés, de 1855 à 1860, dans le cours de mes inspections, pour les principaux établissements parmi ceux où sont placés des aliénés de la Seine, et auxquels on a imputé un excès de mortalité.

Noms des asiles.	Périodes de trois ans.		Population moyenne.	Nombre moyen des décès.	Proportion de la mortalité.		
Saint-Alban ..	1861 à	1863.	247	21	1 sur	11,7	ou 8,5 sur 100
Auxerre......	1857	1859.	372	30	1	12,4	8,0
Blois.........	1860	1862.	552	35	1	15,7	6,3
Châl.-s.-Marne	1859	1861.	320	39	1	8,2	12,1
Dijon.........	1856	1858.	311	36	1	8,6	11,5
Fains.........	1858	1860.	442	48	1	9,2	10,8
Limoges......	1860	1862.	266	37	1	7,1	13,9
Maréville.....	1859	1861.	1,302	132	1	9,8	10,1
Niort.........	1860	1862.	376	43	1	8,7	11,4
Rennes (Saint-Meen)......	1855	1857.	410	47	1	8,7	11,4
Saint-Dizier ..	1858	1860.	330	38	1	8,6	11,5
Ste-Gemmes..	1855	1857.	563	77	1	7,3	13,6
Stephansfeld..	1858	1860.	658	78	1	8,4	11,8
Moyenne des 13 établissements :			6,149	661	1	9,3	10,7 sur 100

Voilà une différence de 15 pour 100 entre la moyenne de M. Turck et celle que M. Parchappe a puisée à des sources officielles; et ce chiffre est peu surprenant, quand on songe au nombre de malades qui entrent dans les asiles, et quand on sait qu'une partie d'entre eux sont destinés à une mort prochaine; la démence sénile, et surtout la paralysie générale entrent pour une large part dans ces moyennes.

L'entrée dans une maison d'aliénés n'entraîne pas forcément l'incurabilité, quoi qu'on ait bien voulu dire. En voici un exemple :

Proportion des guérisons obtenues dans l'ensemble des asiles de divers pays :

1853. France.........	9081	2771	1 sur	3,2	ou	30,5 p. 100.
1858. Angleterre.....	8146	3079	1	2,6		37,7
1861. Ecosse.........	1604	650	1	2,4		40,5
1853, 1854, 1859. Belgique (Moyenne des trois années).......	4024	1281	1	3,1		31,8

Les asiles n'ont donc pas une influence si désastreuse ; il y entre chaque jour des malades que le médecin se voit impuissant à guérir ; et qu'on retranche du chiffre des malades les imbéciles, les déments, les paralytiques, la moyenne des guérisons s'accroîtra considérablement.

Il y a enfin une phrase dans la brochure de M. Turck qu'il n'est pas possible de laisser passer, d'autant moins que quelques médecins ont professé déjà la même opinion :

« Il y a encore des fous par ivrognerie, que je voudrais voir condamnés à une longue réclusion dans ces demeures (maisons d'aliénés), autant pour les punir que pour leur faire perdre leurs détestables habitudes. »

Personne n'ignore que l'accès de délire symptomatique d'un empoisonnement alcoolique est d'une très-courte durée; après quinze ou vingt jours de traitement, le malade a recouvré sa pleine raison. M. Turck, qui demande l'évacuation des hospices d'aliénés, voudrait condamner à une longue réclusion des individus dont la maladie est si courte, et cela *pour les punir et pour leur faire perdre leurs détestables habitudes.* C'est évidemment de la morale en action au premier chef; mais M. Turck oublie que les médecins sont faits pour guérir et non pour moraliser ; que les hôpitaux ont été construits pour les hommes malades et non pour les hommes passionnés ou vicieux. Et si l'on place les ivrognes dans les maisons de fous pour les corriger de leurs habitudes, faudra-t-il y placer aussi les libertins, les joueurs, etc., etc. ; tous ceux enfin qui ont des passions violentes ? — O prud'homie ! ! ! . . .

Deux systèmes sont proposés pour remplacer les hospices : 1° le placement des aliénés chez les étrangers, 2° le traitement à domicile.

PLACEMENT DES ALIÉNÉS CHEZ LES ÉTRANGERS.

La Belgique nous donne l'exemple de ce traitement : à Gheel, les paysans reçoivent une somme fixe pour garder et soigner les malades. Ce système a excité beaucoup d'enthousiasme ; mais le connaît-on bien, et les visiteurs ont-ils habité Gheel assez longtemps pour avoir pu pénétrer le fond des choses? Ce ne sont pas quelques visites qui peuvent faire découvrir les inconvénients d'une pareille organisation, mais un séjour prolongé.

Je ne connais pas les paysans de Belgique ; mais j'ai assez vu ceux de France pour affirmer *a priori* que, chez nous, ce mode de placement offre tous les dangers possibles pour le malade. Personne n'ignore la rapacité du paysan ; tout le monde sait qu'il préfère ses champs, ses vignes, ses bœufs, à sa famille et à lui-même ; qu'il aime et soigne avant tout son cheptel ; c'est sa fortune et sa gloire. Comment veut-on que le paysan, insoucieux de lui-même, devienne attentif aux besoins du malade qui lui est confié, et bon pour cet être inutile, ennuyeux, dangereux même? Et au lieu de dépenser pour l'aliéné la somme d'argent, toujours insuffisante d'ailleurs, ne cherchera-t-il pas à la faire entrer intégralement dans son coffre? De plus, il cherchera à utiliser cette force, à employer à son profit ces bras inertes; et quels travaux lui fera-t-il exécuter? Les plus simples, assurément : l'aliéné deviendra une bête de somme à l'usage du paysan pauvre.

Si le malheureux malade s'agite ou s'il commet une de ces actions que laisse commettre la démence, le paysan le corrigera, le traitera comme son âne, comme son chien, à coups de bâton ; c'est là sa morale ordinaire. Supposez que l'aliéné blesse un bœuf ou tue un poulet, et songez à la terrible colère que soulèvera cet acte d'insanité. Qu'on ne s'y trompe pas, le paysan méprise tout ce qui est improductif; il n'estime l'homme que d'après ses revenus; il chérit son enfant comme sa récolte qui pousse : c'est une force en herbe qui un jour doublera son travail. Si, dans les familles de cultivateurs, le vieillard devient quelquefois victime de l'exaspération que suscite son inutilité, que sera-ce pour un étranger inerte, gênant, nuisible quelquefois ? Il y a toujours un moment où l'aliéné s'affaisse ou s'excite, qu'en fera-t-on ? La famille va aux champs, les travaux de l'agriculture le commandent, le paysan alors use de toutes les forces de sa famille. Qui gardera le malade ? Le laissera-t-on avec les petits enfants ? Quel est l'homme sensé qui consentirait à laisser son fils ou sa fille pendant de longues heures en compagnie d'un aliéné ? Et si le père aime ses enfants, il attachera le fou et le battra au retour, s'il a commis quelque méfait.

On a trop parlé du danger de *l'imitation* dans les asiles pour ne pas y songer dans ce cas. Il est dangereux, en effet, de laisser délirer sans cesse dans une famille, devant des enfants qui aiment à contrefaire, à imiter et dont le système nerveux est si facile à ébranler.

Enfin, nous savons comment le paysan se traite, comment traitera-t-il son pensionnaire dans les maladies intercurrentes ? La somme donnée ne peut pas être une garantie de bons soins et de sollicitude ; si le paysan soignait son malade, l'argent s'évaporerait, et ce n'est pas là son compte ; d'ailleurs, il sait bien qu'après cet aliéné il en aura un autre, et au même prix.

La somme que l'on donnera au gardien de l'aliéné, aussi supérieure qu'elle puisse être à celle qu'on paye aux asiles, ne sera jamais suffisante, si l'on veut que les pensionnaires des paysans aient un régime égal à celui des maisons spéciales. Aujourd'hui, que tout le monde parle de la richesse par l'association, on se rendra bien compte que les aliénés dépenseront davantage s'ils sont disséminés. A cela, qu'on ajoute la spéculation du paysan, et l'on jugera de la différence du régime dans les deux systèmes.

Ce n'est donc pas au point de vue du bien-être matériel qu'on demande le placement chez des étrangers; c'est au nom de la liberté! Mais être soumis à l'autorité et livré aux fantaisies d'un paysan grossier, sans principes élevés, aimant les plaisanteries cruelles, ayant la correction vive et brutale, est-ce de la liberté?

Une surveillance efficace n'est guère possible dans la campagne, au milieu des habitations éparses; nous savons qu'elle est déjà bien difficile dans une maison de santé où cependant l'œil du maître est ouvert à toute heure et partout.

On a fait des promenades dans le village de Gheel, on a fait des rapports sur Gheel; mais un seul des visiteurs peut-il se vanter de connaître ce qui s'y passe réellement? Qui a vécu dans des villages ou des maisons d'aliénés populeuses sait bien que ce ne sont pas quelques visites qui peuvent en faire juger, mais seulement un séjour prolongé; alors les apparences s'évanouissent et les turpitudes apparaissent dans toute leur cruelle réalité.

Voici un fait des plus graves, rapporté par des visiteurs de cette colonie modèle : Plusieurs femmes aliénées ont été rendues mères, non-seulement par les aliénés, mais encore par les gens du pays! Le paysan aime le plaisir facile et peu coûteux. Ne doit-on pas être épouvanté, quand on songe que si quelques-unes de ces malades sont absolument passives, d'autres, enivrées de fureur érotique, courent éperdues au-devant des joies sensuelles et restent insatiables pendant des périodes qui durent quelquefois longtemps.

Que deviendront les enfants engendrés dans ces hideux accouplements? Des aliénés.

Il est facile de juger, d'après ce fait, le système de la colonie de Gheel..

TRAITEMENT A DOMICILE.

Laisser le malade chez lui ; donner à la famille, si elle est indigente, une somme qui lui permette de subvenir aux besoins de l'aliéné qui sera visité régulièrement par un médecin désigné par l'administration, tel est le projet.

Dans les campagnes, on conserve souvent l'aliéné tant qu'il n'est pas dangereux; mais que de misères ne souffre-t-il pas ! La famille le soigne à peine, le maltraite souvent; la charité publique le soutient, et tout le monde s'en amuse, garçons et filles. Et cet amusement est poussé quelquefois jusqu'à des excès incroyables. Voici un exemple emprunté au livre de M. Bonnet[1] :

« Je lis dans le journal de... ; « Trois individus de W... vont prochainement passer devant le tribunal correctionnel pour un fait qui est peut-être sans exemple dans les annales de la bêtise cruelle. — Ils façonnaient du bois dans une forêt sous la surveillance d'un garde forestier. Un pauvre idiot s'était égaré dans ces parages et les regar-

1. Bonnet. *L'aliéné devant lui-même*, etc., p. 403.

dait faire. Tout à coup il leur passa par la tête une dée de caraïbe; ils mirent l'idiot à l'état de nature, et le tinrent suspendu sur les flammes d'un feu clair et vif allumé à cet effet. — Pendant qu'ils le flambaient, les contorsions et les cris déchirants du malheureux excitaient au plus haut point la gaieté du garde forestier. Quand le corps de l'idiot fut suffisamment rubéfié, les chauffeurs le lâchèrent et l'infortunée victime de ce traitement barbare resta longtemps alitée. — Le garde forestier a été préalablement destitué. »

Mais ce sont les villes qui fournissent le plus grand nombre d'aliénés, et, pour qui a vu les intérieurs des pauvres ou seulement des gens aisés, il est évident que pour eux garder un aliéné est impossible. Qu'on visite à Paris, à Rouen, à Lyon, les familles d'indigents; quand, dans une même chambre, couchent quatre, cinq, six personnes, que fera-t-on du malade? La nuit, il dort peu, surtout dans la période initiale; faudra-t-il qu'un membre de la famille, exténué par le travail du jour, veille, non-seulement pour protéger les siens, mais encore pour défendre l'aliéné contre lui-même? Et dans le jour, qui sera son gardien?

Pourtant, on ne peut le laisser livré à lui-même,

ni le laisser avec les enfants, ni enfin le jeter dans la rue. Le père et la mère, tous ceux qui sont en état de gagner quelque salaire, doivent sortir: le travail le commande, car il faut manger. La somme fournie par l'administration, quelque supérieure qu'elle soit à celle qui est allouée aux asiles pour l'entretien des aliénés, ne pourra suffire aux soins incessants de surveillance, de nourriture et d'entretien à domicile. Si l'on a créé des hôpitaux pour les maladies ordinaires, comment comprendre qu'il n'y en aurait pas pour les maladies les plus dangereuses et les plus onéreuses? D'un autre côté, le malade n'aura pas plus de liberté dans un appartement d'où l'on n'osera le laisser sortir que dans les vastes jardins d'un hospice d'aliénés.

En somme, les systèmes proposés que je viens de passer en revue ne valent donc pas le système existant, soit au point de vue de la protection de l'aliéné, soit à celui de la sécurité de la société. et l'on peut répéter avec M. Calmeil, le savant médecin de Charenton, que « les murs de l'asile sont déjà à eux seuls un puissant remède contre la folie. »

Ce n'est donc pas au mode actuel de traitement

qu'il faut s'attaquer, quoique de nombreuses modifications dussent être apportées, mais à la loi, qui demande impérieusement une réforme ; car non-seulement cette loi ne garantit pas assez le sort de l'aliéné, mais encore elle laisse jour aux abus et *peut permettre d'attenter à la liberté de l'homme sain d'esprit.*

II

LA LOI

Dans tous les temps et dans tous les pays où les lois physiques sont ignorées, où les mouvements naturels de la matière sont regardés comme des manifestations mystérieuses d'une force suprême et inconnue nommée Dieu, l'aliénation mentale est regardée comme l'une des mille expressions de la volonté toute-puissante du Dieu. Autrefois comme aujourd'hui, dans l'Inde et la Grèce antique, et de nos jours chez les peuples sauvages ou ignorants, on considère la folie comme un état surnaturel, comme une possession, soit divine, soit démoniaque, selon l'idéal ambiant de la divinité. Les anciens respectaient dans leurs dieux le bien et le mal, et n'osaient toucher à la créature dont une volonté céleste s'était occupée, qui, par conséquent, n'était plus du ressort des hommes, mais du ciel ; on laissait donc au ciel le soin de ses propres affaires. Aucune loi n'était faite pour protéger ou pour condamner l'aliéné. Comment, en effet, soumettre à des lois sociales des êtres qu'un souffle divin agite, des hommes possédés par un dieu qui les frappe ou les glorifie.

C'est à mesure que l'intelligence s'élève ou que la foi s'abaisse qu'apparaissent quelques lois sur l'aliénation mentale.

Le peuple romain, peu enclin au merveilleux, ne croyait à ses dieux que sous bénéfice d'inventaire ; il n'avait de ferveur que tout autant qu'ils devaient lui être favorables ; pour ce grand peuple, l'intérêt général était tout, l'amour de la patrie poussait aux sublimes actions; la religion paraît avoir été plutôt affaire d'étiquette que de croyance vive; il ne se battait pas pour ses dieux, mais il en ramassait partout ; l'esprit positif dominait toutes ses conceptions; les lois, par conséquent, étaient d'autant plus nettes, plus précises et moins laissées à l'arbitrage des volontés célestes. Aussi voit-on déjà, dans la loi des Douze Tables, apparaître la préoccupation de l'état de folie; les principes de tutelle et de curatelle y sont formellement établis. Toutefois, ce n'est que bien plus tard, après avoir traversé toutes les gloires, toutes les corruptions, toutes les philosophies, que les lois sur l'aliénation mentale sont catégoriquement formulées; mais l'esprit d'individualité est toujours dominé par l'esprit social. Dans l'empire romain, nous voyons l'aliéné privé de la faculté de gérer ses biens, de se marier, de tester, de s'engager dans des obligations. Il n'est responsable que dans les intervalles lucides; pour tout délit ou crime commis pendant l'accès, il reste irresponsable. Si l'agitation paraît dangereuse ou seulement gênante pour la sécurité publique, le malade est séquestré; mais dans les intervalles lucides, le citoyen reprend la jouissance de ses droits civils.

Un grand progrès était donc accompli... L'invasion des barbares anéantit tout.

Le long règne de l'ignorance et de la force brutale commence ; la société désagrégée se reforme à tâtons. La religion catholique est la seule lumière qui éclaire et guide encore l'intelligence humaine ; mais comment l'éclaire-t-elle? Dominatrice et ignorante, elle s'oublie dans la lutte des choses temporelles. Aussi, à cette époque de sombre violence et de batailles perpétuelles, où le prêtre quittait le froc pour la cuirasse et louait Dieu en frappant d'estoc et de taille, l'aliéné fut regardé comme un ennemi de la divinité, comme un possédé du diable, et la foi impitoyable jeta aux fagots les sorciers, les blasphémateurs, les possédés, pour la plus grande gloire du Dieu vengeur.

Vers le VIIe siècle, quelques prêtres, les érudits du temps, cherchèrent à définir la folie ; mais tous croyaient en même temps à la sorcellerie, à la magie, à la possession, soit divine, soit diabolique. Le grand génie catholique du XIIIe siècle, saint Thomas d'Aquin, donne une définition ; mais il attribue aussi certains désordres de l'intelligence aux influences surnaturelles, et il écrit : *Stultitia, quæ* NATURALIS *quædam dementia est, minime peccatum est;* appréciation bien enfantine de l'aliénation mentale.

Ce n'est que par un effort lent et pénible que l'esprit commença à se dégager de cette lugubre ignorance, à secouer cette stupide inertie, à lutter contre la force bestiale, contre les croyances extravagantes, contre les iconolâtres enfin. La renaissance des sciences, des lettres et des arts arriva. Bientôt, les tribunaux s'organisèrent ; des lois furent formulées, plus nettes, moins embarrassées d'arbitraire et de coutumes barbares, et enfin apparut la médecine légale. Cependant, à côté des tribunaux civils étaient les tribunaux religieux, et quoi qu'en dise le docteur Linas, dans son remarquable écrit, combien de victimes la folie n'envoya-t-elle pas sur les bûchers catholiques! Combien de délires devaient encore s'éteindre dans le feu!... Les médecins requis dans les questions de possession étaient eux-mêmes possédés par les chimères diaboliques et trouvaient avec aplomb, en visitant les démonomanes jusque dans leurs parties les plus secrètes, les marques, les stigmates du diable. C'est avec le concours de savants médecins et d'habiles chirurgiens, que furent jugés, condamnés et brûlés, Jeanne d'Arc et Urbain Grandier, nos deux grandes victimes de la superstition puissante.

Peu à peu, et à mesure que la philosophie se faisait indépendante, que les sciences physiques et naturelles s'élevaient, jurisconsultes et médecins affirmèrent davantage la folie pour la protéger contre les attentats de la foi ignorante.

Les aliénés n'étaient plus brûlés, mais on n'avait pas encore remplacé les vieilles erreurs par des lois protectrices.

Enfin arriva 89, et la Révolution, après avoir

anéanti les prescriptions contre les sorciers et les magiciens, songea à protéger le malade : le bon sens triomphait. En 1790 et 1791, plusieurs lois de police furent décrétées; plus tard, la Convention, éclairée par Pinel, supprima les chaînes, les cachots et les cabanons.

C'était un premier pas vers une législation complète; mais ce n'était qu'un premier pas. Aucun moyen d'exécuter la loi n'était indiqué; les règlements changeaient de province à province ; ainsi, dans tel département, le dépôt des aliénés se faisait d'après un arrêté du préfet, et dans d'autres, celui du Nord par exemple, il fallait un jugement d'interdiction précédé d'une enquête ; c'étaient des discussions constantes entre la commune, le département et l'État : l'aliéné était une charge que personne ne voulait accepter. Une loi explicite était indispensable; tous la demandaient, médecins et jurisconsultes. Elle se fit longtemps attendre ; enfin, en 1836, le conseil d'État formula un projet que M. de Gasparin, ministre de l'intérieur, présenta à la Chambre le 6 janvier 1837.

Ce projet était non-seulement incomplet, mais encore contenait des erreurs dangereuses. Malgré l'intention évidente d'une protection active de la liberté individuelle, les articles 1, 2 et 3 ne sont rien moins que protecteurs[1]. En effet, si, à part les cas rares d'urgence, tout malade non interdit ne pouvait être admis dans une maison de santé sans une autorisation préalable de la préfecture, mesure protectrice excellente, les malheureux interdits étaient complétement abandonnés à l'arbitraire de leur famille ou de leur tuteur : ils étaient sacrifiés.

L'intention de protection individuelle est évidente ; mais le texte ne répond pas à l'intention. Les articles relatifs à l'admission et à la sortie, quoique les plus étudiés, sont cependant mauvais; quant aux questions de séjour, d'inspection et de surveillance, elles sont à peine indiquées et laissent place à tous les abus.

En somme, ce projet de loi était insuffisant.

Une commission fut nommée ; cette commission élabora un long et consciencieux travail, qui fut lu à la Chambre, le 18 mars 1837, par M. Vivien, rapporteur.

Le projet primitif fut complétement modifié, étendu, refait. Après une vive et longue discussion dans les deux Chambres, cette loi, objet de cinq rapports à la Chambre des députés et à la Chambre des pairs,

1. Voir le projet de loi, page 191.

discutée deux fois dans chacune de ces assemblées, à laquelle il avait fallu trois sessions pour aboutir, fut enfin définitivement votée le 30 juin 1838.

Quand on pense à l'absence absolue de toute législation antérieure, il est certain que cette loi, faite de toutes pièces, était très-remarquable dans son but et dans son expression. Mais de là à dire qu'elle est très-suffisante, qu'on n'y peut rien ajouter, il y a loin. Sans doute, les intentions sont bonnes; sans doute, on a cherché à prévoir tous les cas et à prévenir toutes les manœuvres criminelles possibles; mais les moyens pour arriver à cet important résultat sont insuffisants, et je suis étonné que des médecins, éclairés par une longue pratique des hôpitaux d'aliénés, n'aient pas encore vu combien cette loi est facile à tourner, et trop souvent tournée. Il n'est pas nécessaire que des faits ou des délits graves se soient présentés pour qu'on songe à améliorer les prescriptions si facilement éludables de la loi, il suffit de reconnaître qu'il est possible d'en commettre. Personne ne se refusera à admettre qu'il est plus profitable pour tous de prévenir le crime que de le punir; c'est le but que toute loi sage doit se proposer. — Cherchons donc les points défectueux.

ARTICLE 4 DE LA LOI.

Le préfet et les personnes spécialement déléguées cet effet par lui ou par le ministre de l'intérieur, le président du tribunal, le procureur du roi, le juge de paix, le maire de la commune, sont chargés de visiter les établissements publics ou privés consacrés aux aliénés.

Ils recevront les réclamations des personnes qui y seront placées, et prendront, à leur égard, tous renseignements propres à faire connaître leur position.

Les établissements privés seront visités, à des jours indéterminés, une fois au moins chaque trimestre, par le procureur du roi de l'arrondissement.

Les établissements publics le seront de la même manière, une fois au moins par semestre.

Cet article fut violemment attaqué à la Chambre des députés et à la Chambre des pairs; quelques-uns trouvaient que le projet de loi rendait les asiles trop accessibles. M. de Montalembert était de cet avis :

« Je trouve dans cette loi, dont j'apprécie autant la pensée fondamentale que la plupart des détails, d'excellentes garanties pour la liberté individuelle, ainsi que pour la sécurité publique; mais je n'en trouve pas pour un objet presque aussi important, qui est l'honneur des familles. Cet honneur dépend principalement du secret qui sera gardé, dans les cas où une guérison est possible ou probable de la maladie qui a affligé un des membres d'une famille.

« Or, je vois ici qu'on étend presque indéfiniment la liste des personnes qui auront le droit de venir visiter cet établissement, et qui, par conséquent, seront au courant d'une foule de relations de famille trop délicates et trop pénibles pour être soumises à la publicité.

« Ainsi, l'article parle du préfet et des personnes qu'il aura déléguées, et, plus bas, je vois que ces délégués ne sont pas, comme on avait paru le croire, les délégués désignés par l'autorité centrale, mais que ce peut être tout habitant du département.

« Quant à moi, je voudrais, au contraire, voir extrêmement restreinte cette facilité. Je crois que c'est une chose assez importante pour qu'un préfet se déplace lui-même pour aller visiter l'établissement; d'autant plus que, d'après le paragraphe amendé par la commission, les visites du préfet ne sont que des visites extraordinaires. Ce sont les procureurs du roi, les juges de paix, c'est-à-dire l'autorité judiciaire, qui sont chargés des visites habituelles.

« Je voudrais donc que le préfet n'eût pas le droit

de commettre, pour ces visites extraordinaires, le premier individu venu. Je voudrais que le droit fût limité au sous-préfet, parce que ce fonctionnaire donne une certaine garantie à la famille.

« Je voudrais aussi qu'on ne donnât pas au maire la mission de visiter ces établissements. Il me paraît inutile d'étendre à un tel degré cette publicité qui peut avoir de si graves inconvénients pour l'honneur des familles; cet honneur est un dépôt sacré entre les mains de l'administration, qui me paraît l'avoir trop oublié dans cette loi.

« Je demande donc qu'on mette : « Le préfet et le « sous-préfet » au lieu « des personnes qu'il aura « spécialement déléguées, » et je demande, de plus, l'omission du maire. »

Le secret des familles n'est rien vis-à-vis de la garantie que doit offrir la loi à la liberté individuelle, et M. de Montalivet était dans le vrai quand il répondait à M. de Montalembert :

« Une autre observation, qui a été faite, c'est qu'un trop grand nombre de personnes auraient le droit de visiter ces établissements.

« On a tracé des limites à cet égard; car si, d'une part, il faut cacher autant que possible la situation de santé d'un membre d'une famille, d'un autre côté, il faut donner à la liberté individuelle toutes les garanties... »

D'ailleurs, ce secret des familles, qui a tant servi pour combattre le projet de loi, est-il si utile à garder qu'on a bien voulu le dire?

Aujourd'hui, la folie n'est plus une honte; tout le monde sait que l'aliénation mentale est une maladie comme toute autre. Jamais personne n'a été honteux d'avoir eu un rhumatisme, une pneumonie ou une fièvre typhoïde, et si, dans le cours de ces maladies, est survenu un délire symptomatique, ce qui est fréquent, on n'en est pas, certes, plus humilié. Pourquoi donc la folie, toujours symptomatique d'une lésion matérielle, humilierait-elle davantage, et à quoi bon le secret?...

Pour les affaires graves, ce secret des familles devient dangereux, et il a trop souvent servi à faire de malheureuses dupes. Avant de signer un acte d'association, par exemple, n'est-il pas indispensable de savoir si l'individu avec lequel on se lie a été atteint d'une affection cérébrale qui peut reparaître au moment le plus imprévu,—car les rechutes ne sont pas rares; — qui peut laisser après elle des singularités de caractère ou des absences d'esprit, causes d'embarras, de pertes, de ruine même, quand des précautions n'ont pas été prises.

Ce secret est plus effrayant encore, si l'on considère la question du mariage ; il a fait bien des victimes dont le malheur est d'autant plus grand qu'il frappe jusque dans les enfants. Ce n'est pas là du pessimisme ; tout le monde sait que l'hérédité joue un grand rôle dans le développement de la folie.

Voici un fait à l'appui de mon assertion ; ce fait je l'ai vu : Une jeune fille se maria après un premier accès d'aliénation mentale ; cet antécédent fut si bien caché que le mari n'en eut connaissance qu'à la première rechute. A trois reprises différentes, dans l'espace de dix ans, il a été forcé de placer sa femme à Charenton. Non-seulement ce malheureux mari voit sa vie cruellement éprouvée par les longs et violents accès de manie qui tourmentent sa femme, mais encore il tremble pour l'intelligence de ses enfants ; à chaque instant, il se demande si sa vieillesse ne sera pas troublée par de nouveaux malheurs, et si la folie ne s'est pas implantée à tout jamais dans sa famille. Cette duperie n'est-elle pas un véritable crime ?

Quelle que soit, d'ailleurs, l'opinion qu'on se fasse sur ce secret des familles, la sécurité du malade séquestré prime toute considération, et cette sécurité existe en raison directe du nombre de personnes appelées à visiter et à inspecter les hospices. Il y a cependant des médecins qui, dans leurs écrits, s'indignent en toute sincérité de ce que l'on demande des garanties, inutiles à leur avis. « Quel est le médecin, disent-ils, qui osera signer un faux certificat de folie? Quel est celui qui retiendra un malade guéri? » Mais il n'y a pas que les journalistes qui aient fait cette supposition ; voici ce que disait M. de Gasparin, dans son exposé des motifs :

«... Les véritables dangers se rattachent en effet à l'existence, au régime de ces établissements. C'est là que les aliénés peuvent être retenus après leur guérison ; que, pendant le traitement, ils sont exposés à subir des privations, des gênes, une captivité que leur imposent l'ignorance, la routine ou la cupidité. »

Si un ministre disait cela en 1836 ; si M. Vivien, rapporteur de la commission, le répétait en termes plus violents en 1837, il est bien permis d'avoir des doutes en 1866 et de discuter la question.

Les inspections, telles qu'elles sont ordonnées par l'article 4 de la loi, sont insuffisantes et ne peuvent garantir ni la liberté individuelle, ni la sortie du pensionnaire après guérison, ni la bonne surveillance de l'hygiène et des soins qu'on donne aux malades.

La loi, qui prescrit au procureur du roi de faire chaque année quatre visites *au moins* dans les établissements privés et deux dans les établissements publics, est-elle fidèlement exécutée?... Il suffirait de jeter un coup d'œil sur les registres des maisons de santé prescrits par l'article 12, pour se faire une idée nette à ce sujet, et se convaincre qu'on apporte, dans l'exécution de l'article 4, tout au moins de la négligence.

D'ailleurs, la loi serait-elle exécutée à la lettre et avec un zèle qu'on ne peut exiger, ces visites, que le législateur regardait comme très-importantes au point de vue de la liberté individuelle, seraient loin d'être efficaces; elles ne peuvent l'être.

En un très-court espace de temps, un magistrat peu habitué aux malades doit examiner un nombre d'aliénés, tel que le médecin le plus versé dans l'étude des maladies mentales ne pourrait se faire une idée, je ne dirai pas nette, mais approximative de l'état intellectuel des gens qu'il a sous les yeux. De plus, les aliénés qui vont au-devant de l'inspecteur, le suivent, le harcèlent avec le plus d'acharnement, ne sont pas les moins malades. Ils gênent grandement dans ses observations le magistrat qui, poursuivi par un torrent de réclamations singulières, ne peut écouter ou apprécier quelquefois celles qui sont sérieuses. Devant certains cas difficiles, le visiteur reste perplexe, sent son incompétence médicale, se voit forcé de recourir au médecin traitant et de calquer son opinion sur celle du praticien dont il vient contrôler les actes. Non-seulement dans une maison qui contient un grand nombre de malades, mais dans celles où ce nombre est restreint, on ne peut être sûr de voir tous les aliénés. Aux heures où ces inspections sont faites, tous ne sont pas présents dans les cours ou dans les salles de réunion : quelques-uns sont dans leur chambre, d'autres employés hors des divisions à un travail quelconque; d'autres même au parloir, et ces absents sont généralement ceux qui se trouvent dans des conditions favorables. Quelques malades, espérant une sortie prochaine, ne parlent pas au magistrat, de peur de gâter leur situation; ils espèrent quelquefois longtemps. Il y en a enfin qui ne réclament plus, parce qu'ils ont réclamé longtemps sans résultat.

En admettant les doutes de MM. de Gasparin et Vivien, en admettant que la mauvaise foi se glisse dans un de ces établissements spéciaux, peut-on avoir la certitude qu'on n'a pas fait disparaître un malade pendant la visite du magistrat pour le soustraire à son examen, et que, dans la maison inspectée, il n'y a pas une victime de *la routine ou de la cupidité?* Comment l'inspecteur pourrait-il le soupçonner?... Il n'a à sa disposition aucun moyen de contrôle.

On a donc le droit d'être peu satisfait de l'article 4, en ce qui concerne les visites du procureur impérial, et il est évident qu'une réforme est urgente.

Les inspections administratives, ayant pour but principal la surveillance de l'hygiène et du traitement des malades, ne sont pas plus efficaces. On ne sait comment cela arrive ; mais il est de fait que toutes ces inspections sont non-seulement prévues, mais souvent connues à l'avance. L'établissement prend alors une nouvelle physionomie : tout se répare, se reblanchit ; le régime est plus soigné que d'habitude, le confortable apparaît, presque le luxe; chacun est à son poste, comme s'il ne l'avait jamais quitté ; et, le grand jour venu, on promène triomphalement l'inspecteur de division en division, du dortoir à la cuisine, et on obtient un *bon rapport ;*

mais après son départ reparaissent la routine et les économies.

Certes, si une inspection se pouvait faire à l'improviste, si l'inspecteur apparaissait subitement, pénétrait dans certaines divisions, qui laissent tant à désirer dans beaucoup de maisons, qui dans quelques-unes sont horribles ; s'il y marchait d'emblée, sans donner le temps de remédier aux plus affreuses, aux plus visibles lacunes, il aurait beaucoup à reprendre et à blâmer sévèrement.

On peut l'affirmer quand on a pénétré dans quelques établissements, les inspections sont insuffisantes, et beaucoup de misérables habitudes qui existent auraient disparu sans cela. « On a signalé deux ou trois établissements, dit M. le Dr Dagonet [1], où des abus graves s'étaient glissés, qui n'avaient été SOUPÇONNÉS ; *ni par les inspecteurs* dont les visites se font à des époques *éloignées*, et qui ne peuvent évidemment surveiller de loin, ni par les *commissions de surveillance*, dont les attributions ne nous paraissent pas assez bien définies. » —C'est un aveu. Et qui le fait? Un des plus ardents défenseurs de la loi de juin 1838.

S'il y a quelques abus graves qu'un accident a

1. Dagonet, *Loi de juin* 1838, p. 19.

fait surprendre et dévoiler dans deux ou trois établissements, abus qui n'avaient pas été soupçonnés, il est à craindre qu'on ne soupçonne pas encore des abus qui existent.

L'article 4 est donc impuissant; les admirateurs de la loi eux-mêmes en conviennent.

PLACEMENTS VOLONTAIRES.

L'article 8 a soulevé, avec juste raison, les réclamations de la presse ; et c'est ici, en effet, que la loi offre le moins de garantie. Permettre d'écrouer une personne quelconque dans une maison d'aliénés, à l'aide d'une simple formalité privée, sans autorisation du tribunal, ou au moins de l'administration, est une exception dangereuse qui ouvre la porte à tous les abus. Cet article, si travaillé, si longtemps médité, est absolument insuffisant, comme la presse l'a affirmé ; il suppose l'aliénation mentale parfaitement délimitée, ce qui n'est pas. Il y a des folies limitrophes de la raison, tellement rapprochées quelquefois, qu'une affirmation dans un sens ou dans l'autre est impossible, et les luttes médico-légales entre médecins experts requis par le tribunal, dans des cas d'aliénation mentale, prouvent la vérité de ce que j'avance. Dans l'imbécillité, depuis l'intelligence difficile, obtuse, jusqu'à l'inertie la plus absolue, dans la monomanie raisonnante, mot si sonore et vide, comment établir la limite ? Peut-on établir une moyenne de l'esprit et juger d'après elle ? Mais cette moyenne, c'est la médiocrité, cette horrible médiocrité, outrecuidante, pleine d'elle-même, se traitant en idéal, qui vénère les génies passés comme on adore les fétiches devant lesquels on s'agenouille depuis la plus chétive enfance; qui ne voit pas les génies du jour et méprise tout ce qui la dépasse. Voyez à chaque époque ce qu'elle a pensé des inventeurs, des écrivains, des poëtes ; voyez aussi ce que souvent elle en a fait. Cette moyenne est aussi dangereuse pour ce qui s'élève au-dessus d'elle que pour ce qui gît au-dessous ; — la moyenne est absurde.

Pour juger les cas difficiles, on ne saurait s'entourer de trop de lumières : un et deux médecins ne suffisent pas pour affirmer ces états complexes, subtils, si difficiles à classer.

Et ce qui est plus grave encore, l'article 8 est facile à éluder ; je le prouverai plus loin.

Quelques médecins ont saisi la plume aussitôt

qu'ils ont vu la loi attaquée : M. Petit, avec une solennelle lourdeur, et M. Dagonet, avec une vivacité dédaigneuse. Pour ces savants médecins, tout est au mieux ; la loi suffit à tous les besoins ; il est imprudent, il est dangereux, presque sacrilége d'y toucher. Mais pourquoi serait-il imprudent de chercher le bien, quand on a à peine le passable ? D'ailleurs, M. Dagonet ne dit-il pas : « Mais supposez que tous ces médecins se trompent ; *il y a, en effet, quelques cas exceptionnels qui peuvent jeter du doute dans l'esprit*, l'erreur pourra-t-elle se prolonger longtemps ? Tous ceux qui ont charge de malades ne sont-ils pas intéressés à éclairer leur religion par tous les moyens possibles ? » D'abord, l'erreur est funeste, quelque peu de temps qu'elle se prolonge, et il faut supprimer ce *doute* qui conclut à la séquestration provisoire d'un individu. Ensuite, tous ceux qui ont charge de malades ne sont pas intéressés à éclairer leur religion ; M. Dagonet aurait dû dire : « La plus grande partie de ceux, etc. »

Jusqu'ici, en effet, nous n'avons parlé que des cas d'erreur, sans traiter la question de mauvaise foi, comme le font MM. de Gasparin et Vivien. Certes, on aurait mauvaise grâce à croire, plus que ces hommes éminents, à la vertu et au désintéressement des hommes. Mais les aliénistes conservateurs qui se dressent pour servir de cariatides à la loi, — je ne parle pas des écrivains seulement, mais de la plus grande partie des spécialistes que cette tentative et ces discussions révoltent, — ne craignent-ils pas d'être regardés comme trop intéressés dans l'affaire discutée ?... Ne craignent-ils pas aussi qu'on ne reproche aux médecins de voir avec plaisir leur sacerdoce augmenté d'une puissance si terrible, et que l'on ne dise qu'ils sont trop séduits par le pouvoir d'envoyer aux Petites Maisons l'individu que leur conscience médicale a condamné? Ce serait sans doute une calomnie; mais le public et le journalisme ne connaissent pas la vertu traditionnelle du corps médical. — La modestie a ses dangers.

ARTICLE 8 DE LA LOI.

Les chefs ou préposés responsables des établissements publics et les directeurs des établissements privés et consacrés aux aliénés, ne pourront recevoir une personne atteinte d'aliénation mentale, s'il ne leur est remis:

1° Une demande d'admission contenant les noms, profession, âge et domicile, tant de la personne qui la formera que de celle dont le placement sera réclamé, et l'indication du degré de parenté ou, à défaut, de la nature des relations qui existent entre elles.

La demande sera écrite et signée par celui qui la formera, et, s'il ne sait pas écrire, elle sera reçue par le maire ou le commissaire de police, qui en donnera acte.

Les chefs, préposés ou directeurs, devront s'assurer, sous leur responsabilité, de l'individualité de la personne qui aura formé la demande, lorsque cette demande n'aura pas été reçue par le maire ou le commissaire de police.

Si la demande d'admission est formée par le tuteur d'un interdit, il devra fournir à l'appui un extrait du jugement d'interdiction.

Ce premier paragraphe place les chefs d'établissements dans un terrible embarras. Ils doivent *s'assurer, sous leur responsabilité, de l'individualité de la personne qui a formé la demande.* D'un côté, c'est une lourde charge que celle de leur ordonner la vérification des individualités; de l'autre, cette vérification est souvent impossible. En effet, à quel moment faut-il faire cette recherche? Après le placement, il n'est évidemment plus temps; si c'est avant, pourquoi donc a-t-on repoussé le paragraphe du projet de M. de Gasparin qui exigeait que nul individu non interdit ne pût être placé dans une maison d'aliénés qu'en vertu d'une autorisation ou d'un ordre des préfets[1]. On a allégué les retards que devait nécessiter cette demande en autorisation; mais les recherches du directeur exigeront plus

1. Voir le § 1er du projet de loi, page 194.

de temps encore. Enfin, un malade agité est amené; peut-on refuser son entrée, si la personne qui l'amène n'a pas apporté les preuves de son identité? Le plus souvent, ces formalités sont négligées, sans grand danger d'ailleurs; jamais, jusqu'à présent, que je sache, pareille négligence n'a été incriminée; mais ce qui n'est pas arrivé peut se présenter, et certes, en matière si grave, trop de précautions ne sauraient être prises.

LOI (art. 8, § 2).

Un certificat de médecin constatant l'état mental de la personne à placer, et indiquant les particularités de sa maladie et la nécessité de faire traiter la personne désignée dans un établissement d'aliénés et de l'y tenir renfermée.

Ce certificat ne pourra être admis, s'il a été délivré plus de quinze jours avant sa remise au chef ou directeur, s'il est signé d'un médecin attaché à l'établissement, ou si le médecin signataire est parent ou allié, au second degré inclusivement, des chefs ou propriétaires de l'établissement, ou de la personne qui fera effectuer le placement.

Ce paragraphe a soulevé, avec juste raison, les plus vives attaques. Un certificat signé par un seul médecin est tout à fait insuffisant. Qu'il y ait erreur, mauvaise foi, étourderie, trop grande facilité à voir de l'aliénation mentale dans les moindres travers, caprices, bizarreries ou vices, il n'en est pas moins vrai que, sur ce certificat de médecin, un individu sera enfermé ; et ne serait-ce que pour une heure, c'est trop.

Il faut tenir compte de cette tendance fâcheuse de l'aliéniste à voir des affections mentales là où il n'y en a souvent que l'ombre, et là même où cette ombre n'existe pas ; l'habitude de diagnostiquer des maladies graves, incurables, mortelles même, d'après des signes très-peu sensibles, lui fait quelquefois regarder comme symptômes des mouvements passionnels, des défauts inhérents au caractère. Combien de gens dans le monde, par leurs allures, leur originalité, leurs habitudes, courraient les plus grands dangers, s'ils se trouvaient en présence de certains aliénistes qui élèvent toutes les bizarreries, tous les caprices, toutes les faiblesses, à la hauteur de signes pathologiques ! Un médecin d'un grand talent, d'une honnêteté rare, que ses travaux scientifiques avaient toujours tenu éloigné du monde, dont il ne connaissait que ce qu'on laisse voir, les apparences trompeuses, la surface hypocrite, me dit devant un officier atteint de paralysie générale : « La maladie date de très-loin ; il y a cinq ou six ans, avant que tout autre symptôme ait paru, le délire ambitieux s'était manifesté par des excès de dépense; M. X. avait 3,000 fr. de dettes. » — On voit que les dettes peuvent ne pas conduire seulement à Clichy. Une erreur de diagnostic, en un mot, peut faire enfermer un individu dont les habitudes, le caractère, les défauts ou les vices, auront gêné la famille.

Mais, une fois le malade dans la maison de santé, le médecin pourra-t-il décider immédiatement de son état mental? D'abord, pour beaucoup de médecins aliénistes, tout homme entré dans un établissement est aliéné; et, si la maladie ne se montre pas d'abord, on attend qu'elle se montre : c'est à l'individu séquestré de prouver qu'il jouit de sa raison, comme devant les tribunaux l'accusé doit prouver son innocence. Dans les maisons du gouvernement, où il n'existe aucun contrôle de l'administration après l'entrée, il y a ordinairement deux médecins dont les opinions peuvent se contrôler l'une par l'autre; mais le médecin adjoint peut-il se prononcer, là où le médecin en chef ne se prononce pas? Et, scientifiquement d'ailleurs, ce qui est difficile pour l'un est difficile pour l'autre; s'ils n'ont pas des convictions opposées et s'il ne survient aucune discussion médicale, le malade reste enfermé.

Dans les établissements privés, une visite d'un médecin délégué par l'administration doit avoir lieu dans les premiers jours de l'entrée, en vertu de l'article 9 de la loi; cette visite ne peut matériellement être faite qu'au troisième jour. Dans ces maisons même, le soi-disant malade peut rester au moins trois jours enfermé; pendant ce laps de temps, que deviennent ses intérêts? Trois jours sont bien longs, quand on sait les remplir; et d'ailleurs, que les intérêts soient lésés ou non, la privation de la liberté, ne serait-ce que pour quelques heures, n'est-elle pas une horrible épreuve?

Il est loin d'être sûr qu'après trois jours, le diagnostic puisse être porté avec certitude et l'état de santé affirmé. Tout le monde sait qu'il y a certaines formes de l'aliénation mentale très-difficiles à constater dans un court espace de temps; la dissimulation est très-fréquente chez les aliénés et même chez ceux qui sont le plus profondément atteints; ils ont souvent assez de lucidité pour comprendre que leurs hallucinations, leurs conceptions délirantes sont une des causes de leur séquestration, et ils cachent quelquefois pendant très-longtemps les phénomènes maladifs qui ont nécessité une mesure radicale. L'aliéniste a toujours présente à l'esprit cette dissimulation; aussi, devant tout homme d'une apparence raisonnable, il attend patiemment l'apparition des symptômes qui doivent éclater; il doute, il doute quelquefois bien longtemps.

Qu'on tienne compte encore de l'importance que doivent prendre dans son esprit les faits plus ou moins vrais, ou interprétés, ou arrangés, que la personne qui a demandé le placement a pu raconter au moment de l'entrée du malade. Le médecin délégué par l'administration ne sera certainement pas plus heureux que le médecin traitant; et, dans sa visite forcément rapide, ne pouvant s'éclairer, il prendra naturellement avis de son collègue (car, entre collègues, on est plein de confiance pour les choses purement médicales), restera dans le doute, si le doute a déjà paru, ce qui n'arrive pas si vite, et conclura au moins à l'expectation. Que l'individu observé se garde alors de toute récrimination, de toute plainte, de toute colère; car on est toujours tenté de rapporter à des causes maladives les effets d'une juste impatience.

Voilà donc un certificat qui a causé un long préjudice, et ce certificat peut avoir été signé par un homme désintéressé, honnête, convaincu; car, je le demande encore, où est la limite nette entre la folie et la lucidité? En effet, dans les cas embarrassants, lorsqu'on ne sait si c'est la folie qui côtoie la raison, ou la raison qui côtoie la folie, ce n'est qu'en les comparant à ses idées propres qu'on peut juger les idées d'autrui ; mais alors, une moitié de l'humanité peut faire enfermer l'autre. N'est-il pas vrai qu'un prêtre brûlant de foi doit regarder un athée comme un insensé? Il l'a bien cru criminel autrefois! Et l'athée, que peut-il penser à son tour? Quel est donc le fou, de Voltaire ou de Bossuet, de Fénelon ou de Diderot? esprits si opposés, si antipathiques, et en même temps si merveilleux !

Toute affection cérébrale qui se révèle par des signes physiques, tout ce qui est hallucination, illusion des sens, stupeur, incohérence, n'est pas difficile à constater, surtout pour nos médecins habiles ; mais certaines formes subtiles de l'aliénation mentale laissent place à bien des erreurs : la monomanie raisonnante, par exemple, dénomination qui renferme tant de délires divers, depuis les plus tanchés jusqu'aux plus légers, délires qu'on ne peut rechercher qu'en se posant à la fois comme juge et point de comparaison.

Voici, d'après Marcé, un des aliénistes les plus clairs et les plus nets, le tableau de cette affection : « ... On a décrit, sous le nom de *monomanie raison-*

nante (Esquirol), de *monomanie instinctive* (Marc), *folie morale, moral insanity* (Prichard), un état particulier dans lequel les sujets, tout en conservant en apparence un jugement sain et une grande habileté de raisonnement, passent leur vie à exécuter des actes bizarres et nuisibles, se laissent aller à tous les mouvements passionnés, à tous les désirs qui traversent leur esprit, et, à la moindre résistance, se livrent à des emportements maniaques pendant lesquels ils commettent les actes de la plus haute gravité. Dans les établissements où ils sont placés, ces malades, surtout dans leurs moments de paroxysmes, poussent les autres à la révolte et à l'insubordination, critiquent tout ce qui se fait autour d'eux, fatiguent de leurs réclamations les serviteurs et les médecins, et sèment partout la haine, la discorde et la calomnie. Pris en flagrant délit, ils nient avec opiniâtreté ou atténuent avec une habileté rare les actes qui leur sont reprochés, et sont un véritable fléau pour ceux qui les entourent et pour ceux qui sont chargés de les diriger.

« Je ne saurais admettre cette situation mentale à titre d'entité pathologique distincte. Tous les faits de cette nature que j'ai recueillis se divisent pour moi en deux catégories. Ce sont : ou des états congénitaux, dont on retrouve des traces dans la première enfance, et qui peuvent être légitimement rattachés à l'imbécillité ; ou des états anormaux de l'intelligence, consécutifs à des accès antérieurs de la folie et se rapprochant de l'excitation maniaque. »

On voit ici l'embarras de l'auteur, qui traite avec tant de précipitation une question d'autant plus importante qu'elle est moins facilement saisissable. En séparant cette entité pathologique admise par le plus grand nombre des aliénistes en deux affections se rattachant, l'une à l'imbécillité, l'autre à l'excitation maniaque, il avoue implicitement que tous les symptômes décrits dans le tableau qu'il a fait de la maladie ne se présentent pas dans tous les cas ; car comment admettre qu'un imbécile, quelque peu imbécile qu'il soit, conserve *en apparence un jugement sain et une grande habileté de raisonnement ?* Et d'ailleurs, que de degrés d'intensité dans ce délire, depuis le plus frappant jusqu'à celui qui se rapproche le plus de la raison et fait douter le médecin, même le plus susceptible ! Ne pourrait-on pas faire entrer dans cette entité pathologique les passionnés, les coquins, les débauchés? Si l'on étudie avec soin la vie d'un joueur, d'un coureur de filles, d'un prodigue, on trouvera les éléments d'une monomanie raisonnante avec tout son cortége de jugement sain en apparence, contredit par des actions inutiles, maladroites, bizarres, nuisibles; de grande habileté de raisonnement contre-balancé par une étourderie, une maladresse, une niaiserie quelquefois considérables. Chaque génération n'a-t-elle pas vu une partie des jeunes hommes suivre avec scrupule des modes dont ils se moquent, dépenser leur vie et leur fortune avec des filles qu'ils méprisent, dont ils connaissent tous les défauts, aussi bien ceux du corps que ceux de l'esprit; qui sifflent les pièces immorales, en se livrant à toutes les infamies de la débauche; qui, eux aussi, ont des mouvements passionnels violents, des emportements maniaques comme tous les emportements; qui enfin se ruinent le sachant, et sachant aussi qu'à la fin de tout cela se présente la misère sordide, ou le suicide, ou même le crime? Mais ils ferment les yeux, continuent, et comptent sur le grand dieu Hasard. Sont-ils des monomaniaques raisonnants?... ou bien ne le sont-ils que lorsqu'ils sont descendus jusqu'à l'infamie, ou lorsqu'ils appuient sur leur front le pistolet du suicide? Le joueur est bien plus frappant encore, lorsqu'il sort du tripot où il a laissé la plus grande partie de sa fortune; il va, pâle, hagard, effaré, tour à tour s'accablant de reproches, pleurant sur sa femme, sur ses enfants ruinés, sur son honneur perdu, puis s'emportant aux moindres reproches jusqu'aux injures, jusqu'aux coups. N'est-on pas toujours stupéfait, lorsqu'on le voit, après quelques instants donnés aux remords ou à la colère, courir chez l'usurier et faire argent de tout, pour aller tenter de nouveau la fortune qu'il sait inexorable? Et cela est toujours ainsi. Ici, la contradiction est évidente; personne ne raisonne mieux, ne forme de projets plus sages et n'a de remords plus vifs, et personne aussi n'est plus irrésistiblement poussé à la rechute et n'en sait donner de meilleures excuses. Est-ce de la folie?...

Que l'on étudie encore la vie de ces coquins voués au mépris public s'ils n'ont pas de chance et vont au bagne, caressés, flattés, entourés s'ils *arrivent*, comme on dit. Ils ont toutes les allures de l'honnête homme; de leur bouche ruissellent sans cesse les exemples de moralité, les maximes vertueuses, les tirades les plus chaudes contre le crime, l'immoralité et l'irréligion ; à les entendre, toutes les vertus remplissent leur cœur à le faire éclater, tout le monde les écoute et a l'air de les croire, et cependant chacun sait que leur nom et leur fortune s'élèvent sur un monceau de ruines, de misères, d'escroqueries, de cruautés, d'infamies ; ce sont des coquins. Certes, il y a de la contradiction ici entre les beaux discours, les raisonnements généreux et les actions nuisibles, coupables, niaises souvent ; car chacun de ces hommes, malgré son habileté, a un côté faible, saisissable, ridicule et repoussant. Ce n'est pas un symptôme, mais une conséquence fatale de la bassesse de leur âme. — Est-ce une monomanie raisonnante ?

Enfin le voleur, l'assassin prolétaire, ce sauvage de notre vieux monde qui ne peut satisfaire ses passions avec le fruit de son travail, qui s'est livré tout entier à la suave paresse et veut jouir quand même, qui n'a pas assez d'éducation et de savoir pour côtoyer et doubler le tribunal sans faire naufrage et tomber dedans ; qui enfin vole, assassine, affronte tout pour quelques pièces, pour quelques instants de plaisir, est-ce un monomaniaque raisonnant? Faudrait-il donc croire, comme certains l'admettent, que tout criminel est aliéné ? Au point de vue philosophique, que chacun regarde en soi, qu'il examine et pèse avec sincérité, et la réponse est toute faite ; au point de vue légal, c'est absurde ; la société ne se soutient pas avec des sentiments, mais avec des théorèmes.—Non, il n'y a pas l'ombre de folie dans tous ces états que je viens de passer en revue ; c'est là l'homme avec ses passions mauvaises, son caractère, sa physionomie propre ; la folie est toujours le symptôme d'une altération organique; qu'elle soit curable, incurable ou mortelle, elle est due à une lésion matérielle.

L'imbécillité offre les mêmes difficultés ; depuis l'intelligence lourde, difficile, qui suffit cependant à la gestion des affaires et à la vie sociale, jusqu'à l'imbécillité absolue, il y a une gradation insensible ; ici encore, quelle est la limite et où finit la responsabilité ? Des erreurs peuvent se commettre, des erreurs ont été commises ; je ne vais citer qu'un fait :

M. G. est âgé de vingt-trois ans, il appartient à une honorable famille dans laquelle aucun cas de folie ne s'est présenté. Son intelligence a toujours été faible ; toute sa vie, il s'est montré hypocrite, paresseux, entêté ; il se livrait avec ardeur aux pratiques religieuses, et quand il eut atteint l'âge convenable il devint un des adeptes les plus ardents de la Société de Saint-Vincent de Paul. Ne manquant pas d'adresse, il sut se faire aimer par les directeurs de la susdite Société, et y occupa même l'emploi de secrétaire. M. G. a toute la tournure des gens d'église : son air composé et sa modestie affectée, ses yeux baissés, ses regards fuyants, ses paroles onctueuses et pleines des choses du ciel, ses scrupules enfantins, jusqu'à la coupe de ses habits, tout sent la sacristie. Il y met une recherche évidente. —M. G. est maigre, a le teint pâle et plombé des gens qui ont des habitudes solitaires invétérées.

En plein jour et au dehors, il fut surpris commettant un attentat aux mœurs avec de tout jeunes enfants. La famille le fit placer immédiatement dans une maison de santé comme atteint d'aliénation mentale.

Après quelque temps de séjour dans la maison d'aliénés, l'on apprit en même temps et le crime et les poursuites du parquet. M. G. fut interrogé par les deux médecins de l'établissement avec un soin particulier. Il fut tourné, retourné dans tous les sens pendant des heures entières, et le résultat de l'interrogatoire fut que l'un des deux médecins acquit la conviction que M. G. était aliéné, et l'autre, au contraire, que M. G. avait sa raison, était par conséquent responsable. Ce n'est qu'après plusieurs mois que l'affaire fut portée devant le tribunal. Quatre médecins des plus remarquables de Paris et de la province furent appelés à donner leur avis sur le malade. Ici encore, la même division dans les opinions médicales se représenta : deux conclurent à l'aliénation ; deux à la non-aliénation.—M. G. fut condamné.

Voilà donc un homme non aliéné, puisqu'il a été puni par la justice, qui est resté plusieurs mois dans une maison d'aliénés. Ce résultat est, il me semble, en contradiction avec le principe de la loi, et de plus ce fait prouve que deux et trois médecins érudits et de la meilleure foi du monde pourront déclarer aliéné un individu que deux et trois autres médecins, aussi érudits et d'aussi bonne foi, pourront déclarer exempt de toute maladie.—Que devient, dans ces cas difficiles, la valeur du certificat d'entrée ?

Le savant maître, M. le docteur Rayer, me dit, dans une occasion spéciale : « Croyez-vous qu'il n'y ait que dans les affections mentales qu'on rencontre les idées de grandeur? Dans le monde, il y a des hommes d'une ambition insatiable, que rien ne peut assouvir, qui ont un véritable délire ambitieux; et pourtant, ils ne sont pas aliénés. » —Oui, certes, le maître avait grandement raison; l'histoire nous le prouve, nos contemporains nous le prouvent mieux encore; tel homme, aujourd'hui célèbre, puissant ou riche, admiré pour son intelligence, son énergie, son audace, aurait passé hier pour un insensé aux yeux du spécialiste, s'il lui avait confié ses espérances et ses projets. Les dépenses excessives, les glorioles de titres, l'escroquerie même, peuvent être regardées comme du délire ambitieux et des idées de grandeur. Je vais en citer un exemple :

M. X. est étranger, d'une très-honorable famille. Après avoir fait d'excellentes études, on l'envoya dans une université. M. X., livré à lui-même, ne tarda pas à oublier ses habitudes de travail pour se livrer au plaisir. Ce jeune homme dépensa des sommes considérables pour satisfaire sa vanité ; il tenait à égaler et à surpasser même les fils de familles les plus riches qui étudiaient avec lui dans l'université. Instruit, d'un esprit facile et souple, d'une maturité précoce, élevé dans les meilleures traditions de politesse et d'urbanité, il eut bientôt fait des dettes très-fortes. La famille, instruite à temps de la conduite de son enfant, lui fit quitter l'université et le confia à un jeune professeur qui devait le faire voyager ; mais, après un temps très-court, M. X., fatigué de la présence d'un compagnon qui, dit-il, lui était antipathique, non-seulement à cause de son caractère, mais encore à cause de ses habitudes d'ivrognerie, s'échappa. Pendant plusieurs mois, il vécut dans un pays voisin sans que sa famille pût le découvrir. Là, il s'affubla d'un nom d'emprunt : son éducation, son intelligence trompèrent ceux qui l'approchaient; il fit des dupes, se procura de l'argent sous un faux nom ; sa conduite enfin fut celle de tous les escrocs du monde. Il fut découvert, et sa famille le plaça dans une maison de santé. Pendant près d'un an qu'il habita cette maison, il resta calme, doux, travaillant et profitant de son travail. Ses discours sont aussi sensés que possible, ses idées d'une netteté parfaite, son imagination brillante. Il déplore les faits passés, avoue son travers culminant, qui est une vanité excessive, qui l'entraîne aux plus grandes sottises. Un jour, il s'esquiva; mais, comme il n'avait pas d'argent, il fit une nouvelle dupe et revint dans son pays, sans rentrer dans sa famille toutefois, sachant bien ce qui l'y attendait. Là encore il se procura de l'argent à l'aide de ses anciens moyens. Rencontré, il fut pris et renvoyé en France dans la même maison d'aliénés. Après un certain temps de séjour, le directeur se décida à le faire rentrer dans sa famille. De nouveau, on lui donna un précepteur avec lequel il vécut quelques mois tranquille. Mais bientôt, ce précepteur étant allé faire un voyage de quelques jours, M. X. s'amouracha d'une jeune fille, lui offrit des cadeaux, fit des dépenses qui dépassaient son budget et, en fin de compte, signa de faux chèques pour se procurer de l'argent. L'époque du payement arrivée et sentant le danger, il partit. Bientôt après, il fut ramené et renvoyé en France dans la même maison d'aliénés.

Ce jeune homme avait dix-huit ans quand je l'ai vu ; c'est donc à seize ans qu'il a commencé ses premières fredaines. Son intelligence est ornée, son esprit on ne peut plus facile ; il parle le français et sa langue maternelle avec une pureté rare. En dehors de son travail connu, il a fait un petit roman qui contient des morceaux étonnants pour un premier roman, et surtout pour un romancier de cet âge.

En raison des titres dont il s'ornait et des dépenses qu'il faisait, son affection a été classée dans le délire des grandeurs. Voilà une classification facile. Gare aux noblesses de contrebande! D'un autre côté, tous les escrocs pourront plaider le délire ambitieux. Est-ce bien là un délire, et, si M. X. avait été un pauvre diable serait-il entré dans une maison de fous, ou aurait-il été traîné sur la sellette des accusés? La vanité, le désir de paraître, s'est élevé aujourd'hui à la hauteur d'une passion, d'un vice. Que de jeunes gens, tout jeunes, n'ayant d'autres passions que celle-là, qui n'aiment les filles, le jeu, la table, le turf, que pour l'argent qu'ils leur coûtent, que pour le renom qu'ils peuvent donner, se ruinent en quelques années, en quelques mois même, jusqu'à la correctionnelle inclusivement! N'avons-nous pas entendu retentir dernièrement, dans un procès éclatant, le nom d'un mineur qui connaissait déjà tous les défilés de l'emprunt et de l'usure, qui aimait à des prix fous, et dont les imprudences ont fait d'une drôlesse une petite personne intéressante? Ont-ils du délire ambitieux, du délire des grandeurs, tous ces jeunes gens-là? Sont-ils fous, et faut-il remplacer Clichy et Mazas par Bicêtre?... Pour moi, M. X. n'est pas plus fou que tous ces jeunes gens; sa place était sur un banc de tribunal et non dans les murs d'un hôpital. Dans tous les cas, la question était discutable et n'a pas été discutée.

Nous n'avons examiné jusqu'ici que les erreurs involontaires, sans parler des erreurs préméditées, des erreurs criminelles. Jamais de telles erreurs ne se sont présentées, dit-on; je veux bien le croire, mais il suffit qu'elles soient possibles pour qu'on essaye de les prévenir. Le corps médical a l'épiderme sensible, et l'on pourrait dire de lui comme des poëtes : *irritabile genus ;* il se révolte et entre en grande colère dès qu'un soupçon ou une supposition effleure l'honorabilité d'un ou de plusieurs de ses membres. Et cependant, il n'y a qu'à s'initier aux cancans, aux commérages, tripotages, qui sillonnent cet honorable corps, pour voir que si les médecins, comme la femme de César, ne doivent pas être soupçonnés, ils ne se ménagent pas cependant entre eux, s'accusent et se vilipendent.

« Comprend-on déjà, écrit M. Dagonet[1], qu'il se trouverait *beaucoup* de médecins qui se feraient les complices de manœuvres illicites et consentiraient à se compromettre au point de délivrer une fausse attestation. C'est tout comme si vous demandiez à cet honorable médecin d'empoisonner le malade dont l'existence se prolonge trop au gré de vos désirs. »

—Mais cela s'est vu, et presque simultanément en France, en Suisse et en Angleterre ; la guillotine et la potence sont là pour l'attester. Non, il n'est pas question de savoir si *beaucoup* de médecins pourraient commettre une action illicite ; il est même inutile de savoir si ces actions ont été commises,—

1. Dagonet, *loc. cit.*

ce qu'il serait très-difficile de rechercher et très-imprudent de constater. — Il suffit de reconnaître qu'elles sont possibles pour qu'on cherche à améliorer la loi. D'ailleurs, si l'on a fait une loi protectrice de l'individu, c'est qu'on a cru l'individu en danger ; c'est qu'on n'a pas regardé l'honorabilité comme une garantie suffisante; et alors, si la confiance n'est pas absolue, pourquoi s'arrêter aux demi-mesures et ne pas rechercher toutes les améliorations nécessaires ? En outre, la loi n'est pas seulement vengeresse ; son but unique n'est pas de punir infailliblement : c'est aussi de prévoir et de prévenir le mal. Si l'on disait à M. Dagonet : « Quel est l'homme qui oserait mettre la main dans la poche de son voisin pour prendre le mouchoir, quand on songe aux peines graves qu'une si légère erreur entraîne après elle, etc., etc. ? Quel est l'insensé qui oserait planter un couteau dans le ventre d'un voyageur attardé pour s'emparer des quelques misérables francs que contient sa bourse, quand on pense quel ignominieux et terrible châtiment doit punir cette offense au prochain, etc. ? » Évidemment, M. Dagonet sourirait. Eh bien ! celui qui, pour violer la fortune ou satisfaire une passion, affronte la plus grave des peines, qu'il se serve du couteau, du lacet ou du poison, comment reculera-t-il devant 3,000 fr. d'amende et un an de prison, quand il ne s'agit que de constater par certificat l'aliénation mentale d'un homme qui n'est pas aliéné ? Et d'ailleurs, sera-t-il facile de prouver, si toutefois on s'aperçoit de la fraude, que l'homme séquestré n'était pas aliéné au jour mentionné par le certificat, surtout si quelques précautions ont été prises à l'avance ?

« On se récrie, dit M. Petit[1], contre le prétendu pouvoir discrétionnaire du médecin, pouvoir limité toutefois par la menace d'un an de prison et de 3,000 fr. d'amende. Cependant, à notre époque, personne, que nous sachions, n'affirme que la folie soit autre chose qu'une maladie, Si, un jour, les progrès de la science faisaient trouver qu'elle est un crime, l'aliéné tomberait sous l'autorité du juge ; si l'on venait à découvrir qu'elle est un péché, nous l'abandonnerions volontiers au prêtre ; mais, tant qu'il sera reconnu que l'aliéné est un malade, il sera logique que le médecin ait quelque influence sur sa destinée. » M. Petit, on le voit, tourne la question assez agréablement. Personne n'a parlé de crime

1. *Examen de la loi de juin 1838 sur les aliénés*. Paris, Adrien Delahaye, 1865.

ou de péché. M. Petit s'est fait illusion ; personne n'a refusé au médecin son absolue et exclusive compétence dans le traitement et la constatation de la folie. Tout le monde, au contraire, s'accorde à appeler la médecine au secours du malade ; mais ce qu'on dénie au médecin, c'est le droit de séquestration ; c'est de pouvoir, avec cinq lignes et une signature, faire enfermer, sans autre forme de procès, un homme ; et M. Petit m'accordera bien que l'aliéné est encore un homme, quoiqu'il ne soit ni pécheur ni criminel. Devant la difficulté du diagnostic, devant les appréciations contradictoires des médecins les plus remarquables en face d'un malade, quelle outrecuidance de vouloir garder cette puissance solitaire !

Pour une interdiction, la signature du médecin ne suffit pas, que je sache, et quand on l'appelle, ce n'est que comme conseil, comme expert ; et dans une mesure bien plus grave, la plus grave qui puisse atteindre un homme libre, la signature d'un médecin et d'un seul médecin, quand plusieurs se trompent souvent, suffirait ! Serait-ce à dire qu'on doit plus de protection à la fortune d'un individu qu'à sa liberté ? La divergence possible entre médecins exige la présence d'un magistrat qui, s'il n'est pas assez éclairé par une première expertise médicale, cherchera la lumière dans une seconde et pourra, en s'entourant de ces précautions, prononcer avec certitude. En un mot, le médecin n'a pas qualité ; ce certificat est une exception vraiment inadmissible.

LOI (art. 8, § 2).

Ce certificat ne pourra être admis, s'il a été délivré plus de quinze jours avant sa remise au chef ou directeur, s'il est signé d'un médecin attaché à l'établissement, ou si le médecin signataire est parent ou allié, au second degré inclusivement, des chefs ou propriétaires de l'établissement, ou de la personne qui fera effectuer le placement.

Si la seconde partie de cet alinéa est très-sage, en prouvant, toutefois, que la loi ne peut et ne doit avoir confiance en personne, la première est inutile et peut devenir dangereuse. Pourquoi quinze jours comme limite? Personne n'ignore qu'il y a des délires fugitifs qui durent à peine quelques jours, ou même quelques heures. Dans les folies alcooliques, par exemple, le délire, quoique très-aigu, peut céder après quatre à cinq jours de traitement, ou même d'expectation. Si l'on met l'individu dans une maison d'aliénés, le dixième jour, par exemple, avec un certificat qui a dix jours de date, on séquestre un homme guéri, tout en restant dans la légalité.

LOI (art. 8, § 2).

En cas d'urgence, les chefs des établissements publics pourront se dispenser d'exiger le certificat du médecin.

Quelle est cette urgence, et qui pourra la constater? Comment la famille peut-elle, en l'absence de tout secours médical, savoir si le malade est atteint d'une aliénation mentale réelle, ou d'un délire symptomatique d'une affection quelconque? Il n'y a pas d'affection mentale si foudroyante qu'elle ne permette de faire voir le malade à un médecin. En outre, ce n'est jamais qu'après un temps plus ou moins long que les familles se décident à se débarrasser de leurs malades, et alors qu'elles ont la certitude qu'elles ne peuvent le soigner chez elles. Et encore, cela n'a lieu que pour une certaine classe de la société; car les indigents dont un parent est aliéné ne peuvent faire admettre leur malade à Bicêtre qu'avec des formalités bien plus longues et plus difficiles que celle qui consiste à appeler un médecin chez soi pour qu'il constate et certifie le dérangement de l'esprit. Ce n'est donc que chez les personnes qui peuvent payer une pension que cette difficulté se rencontre, et l'urgence ne se présente, par conséquent, que dans les classes aisées. Ce n'est jamais, ou du moins je ne l'ai jamais vu, parce que la famille n'a pas eu le temps ou n'a pu être assistée d'un médecin, que le malade est amené sans certificat; mais c'est parce que l'on ignorait l'obligation de se soumettre à cette formalité. Dans ces cas, tous les aliénés, quelle que soit la forme de leur délire, sont reçus comme d'urgence. Comment, en effet, se décider à renvoyer un pensionnaire, qui est à la porte, dans la maison même, alors qu'on sait qu'il est quelquefois si difficile d'amener ces malades dans un établissement? Et ce sont les plus lucides qui sont le moins maniables, ceux qu'on trompe le moins facilement, qui voient et prévoient le mieux qu'on a l'intention de les séquestrer. On reçoit donc ordinairement ces malades, et le médecin de la famille envoie un certificat après l'entrée, ce qui est illégal; ou bien encore, un médecin habitué de l'établissement fait un certificat constatant qu'un tel est atteint d'aliénation mentale, dénomination insuffisante d'après la loi; et le tour est joué. Souvent, le plus souvent même; il n'a pas vu l'individu séquestré!

Cela s'est fait et se fait.

L'alinéa que je viens de discuter *offre* donc *les*

plus grands dangers pour la liberté individuelle.

ARTICLE 9 DE LA LOI.

Si le placement est fait dans un établissement privé, le préfet, dans les trois jours de la réception du bulletin, chargera un ou plusieurs hommes de l'art de visiter la personne désignée dans ce bulletin, à l'effet de constater son état mental et d'en faire rapport sur-le-champ. Il pourra leur adjoindre telle autre personne qu'il désignera.

Cet article, comme je l'ai dit plus haut, est une garantie pour le malade, plutôt en apparence qu'en réalité. Dans les affections d'un diagnostic difficile, le médecin commis à la visite des malades arrive avec peine à trouver le joint du délire. Il ne peut avoir d'autres renseignements, pour se guider dans son interrogatoire, que ceux que lui fournira le médecin de l'établissement; il sait, par expérience, combien le diagnostic de certaines formes d'affections mentales est difficile; il sait aussi qu'il est souvent impossible de découvrir les moindres symptômes dans des folies quelquefois dangereuses, par exemple dans les délires, où le raisonnement restant intact en apparence, les actes sont incohérents, inutiles, excessifs, sans but, sans cause. Le médecin visiteur doit donc, de toute nécessité, s'en rapporter au dire du médecin traitant, et former son opinion plutôt sur ce qui s'est passé avant l'entrée du malade dans la maison de santé que d'après ce qu'il voit. Certes, il ne peut en être autrement, et il ne faut s'en prendre qu'à la loi.

L'observation suivante, que je trouve dans un travail de M. Lisle[1] et que je cite avec son commentaire, prouve que, non-seulement un médecin de maison de santé, mais encore des médecins commis administrativement à l'étude de certains malades, concluent et doivent conclure à la séquestration, non sur des symptômes observés par eux, mais sur les faits antérieurs à l'entrée du malade dans une maison de santé. Cette observation est d'ailleurs intéressante à d'autres points de vue :

« Le 9 juillet 1844, est entrée dans la maison de santé de M. le docteur Brierre de Boismont une femme âgée, je crois, de cinquante-neuf ans, qui avait été arrêtée à la suite d'une rixe violente avec son mari. La gravité de cette rixe était attestée par un certificat du maire de Nanterre, dont la conduite fut approuvée par le préfet de police, qui ordonna d'office le placement de cette dame dans un

1. Lisle, *Examen médical et administratif de la loi de juin 1838.*

établissement d'aliénés. L'examen attentif de sa nouvelle pensionnaire, dont le langage et les manières dénotaient une personne sans éducation, ne révéla d'abord au docteur Brierre de Boismont aucun signe bien défini de folie. Sa figure énergique, fortement colorée, son tempérament sanguin, sa constitution robuste, annonçaient un caractère résolu et emporté, et des habitudes de domination et de violence. Elle se plaignait, dans les termes les plus vifs, de la scélératesse de son mari, qui, disait-elle, lui avait joué ce mauvais tour pour vivre plus à l'aise avec ses concubines. Le lendemain, celui-ci apporta à M. Brierre de Boismont un certificat du docteur Montcourrier, à la date de 1827, attestant que la dame L. était en proie à une *monomanie aiguë de jalousie;* deux certificats, l'un de 1831, l'autre de 1844, rédigés par les docteurs Borel et Foucault, qui constataient également une maladie mentale; enfin, deux procès-verbaux de l'adjoint et du maire de Nanterre énonçant les mêmes faits. Il attestait de plus que, depuis plusieurs années, sa femme avait des accès de jalousie portés jusqu'à la fureur, pendant lesquels elle s'abandonnait, à son égard, à des actes de violence qui avaient mis plusieurs fois sa vie en danger. L'accès passé, madame L. devenait tranquille, et avait des intervalles lucides de plusieurs mois.

« Il est important de noter que M. L. est âgé de soixante-neuf ans, de petite taille et d'une constitution peu robuste. La vie désordonnée que sa femme lui reproche ne l'a pas empêché d'être nommé marguillier et membre du conseil municipal de sa commune. Elle l'accuse encore d'avoir dissipé sa fortune avec ses nombreuses concubines. Il est constant, au contraire, que M. L. a augmenté le peu de bien qu'il possédait. Il vit d'ailleurs en très-bonne intelligence avec ses deux fils, qui sont parvenus à acquérir une honnête aisance, par leur travail et leur bonne conduite, et qui n'ont jamais ajouté foi aux nombreuses récriminations de madame L. contre leur père.

« Dans les jours qui suivirent son entrée dans la maison de santé, madame L. s'emporta, à deux reprises différentes, contre son mari, qui était venu lui apporter des paroles de paix et de consolation, avec une telle violence que celui-ci fut obligé de se retirer précipitamment. Sans aucune provocation, elle vomit un torrent d'injures, et prononça contre lui et ses prétendues concubines les menaces de mort les plus terribles. Un autre jour, elle injuria, dans les termes les plus violents, une fille de service qui la priait de ne pas rester dans un jardin où elle s'était introduite.

« Ces faits justifiaient pleinement la mesure par laquelle la dame L. avait été privée de sa liberté, et MM. les docteurs Béhier et Bouneau, envoyés par le préfet de police pour constater son état, en jugèrent problablement ainsi, puisque leur rapport ne fut pas suivi d'un ordre de mise en liberté. Cependant, le tribunal ayant été saisi d'une plainte en détention arbitraire déposée par une fille de madame L., M. le docteur Ferrus fut chargé, dès le 4 août, de l'examiner, et de faire, *dans les trois jours*, un rapport circonstancié sur son état mental. M. Ferrus prit *deux mois* pour un examen qui, sans doute, lui parut offrir de graves difficultés. Il visita la malade à quatre reprises différentes. Enfin, le 8 novembre suivant, il fit parvenir au tribunal un rapport dont les conclusions sont curieuses à plus d'un titre. Ces conclusions, les voici telles que nous les trouvons consignées dans un Mémoire intéressant de M. Brierre de Boismont, publié dans les *Annales médico-psychologiques* (1844), auquel nous avons emprunté les faits qui précèdent :

« 1° La dame L., depuis qu'elle est placée dans

« la maison de santé de M. Brierre de Boismont, « n'a pas donné de signes évidents d'aliénation « mentale, quoiqu'elle ait cédé parfois à l'empor- « tement de son caractère. »

« 2° Pour affirmer que la dame L. peut nuire à « l'ordre et à la tranquillité publique, et à la sûreté, « soit de son mari, soit de tout autre, il faudrait être « plus amplement informé que nous ne le sommes « sur les circonstances antérieures à la séquestra- « tion. »

« 3° Enfin, cette dame me semble dans un état « intermédiaire de lucidité et de trouble mental, « propre à certains individus, lesquels ont une con- « duite parfaitement régulière et paraissent raison- « nables, tant qu'ils sont maintenus, et qui se li- « vrent néanmoins aux plus grands écarts dès qu'ils « sont abandonnés à leur volonté instable et chan- « celante.

« Je pense, en conséquence, que la dame L. doit « être soustraite aux causes qui peuvent exciter sa « colère et troubler sa raison ; qu'elle doit vivre « éloignée de son mari, sous la surveillance immé- « diate de quelque parent qui accepte la responsa- « bilité de veiller sur ses actions ; et qu'il sera pru- « dent de la replacer dans une maison de santé, si

« elle témoigne le désir de rentrer de vive force chez « elle, ou même de s'immiscer dans les affaires de « son mari. »

« Le tribunal, s'appuyant sur ce rapport, ordonna la mise en liberté de madame L., par son arrêt du 24 novembre 1844. Cependant, quelles conséquences logiques est-il possible de tirer des conclusions qui précèdent? Ainsi, madame L. n'a pas donné de signes évidents d'aliénation mentale depuis son entrée dans la maison de santé de M. Brierre de Boismont? Non, sans doute, si, par le mot aliénation mentale, on entend seulement la fureur, l'imbécillité ou la démence dont parle le Code civil, et si on raye d'un trait de plume tous les progrès faits depuis cinquante ans dans l'étude des altérations maladives de l'intelligence et des passions! Encore faudrait-il ne tenir aucun compte des antécédents de la malade, attestés par des certificats de médecins honorables, et de cette circonstance notée par M. Ferrus lui-même, qu'elle a cédé plusieurs fois à l'emportement de son caractère depuis son entrée dans la maison de santé, et cela *quoiqu'elle eût tout intérêt à se montrer parfaitement calme et raisonnable.* »

Quels sont donc les progrès faits depuis cinquante

ans qui pourraient faire trouver des symptômes là où il n'y en a pas? M. Ferrus constate trois accès de colère sans autre signe maladif; M. Brierre n'a pas constaté autre chose. Et que viennent faire ici les progrès accomplis depuis cinquante ans? Cette femme se croit enfermée injustement et cède à l'emportement de son caractère, quoiqu'elle ait tout intérêt à se montrer calme et raisonnable! Et d'abord, n'a-t-on pas toujours intérêt à ne pas se laisser aller à la colère, et ne sait-on pas qu'elle est une mauvaise conseillère? Ensuite, si l'on ne cédait pas à l'emportement de son caractère, on ne serait pas d'un caractère emporté, ou du moins il serait impossible de le constater. Oui, chaque jour on fait maintes et maintes choses qu'on sait nuisibles aux intérêts : le goutteux ne se livre-t-il pas à des excès de table, quoiqu'il n'ignore pas combien ils lui sont préjudiciables, le paresseux à la paresse, le joueur au jeu? « En matière criminelle, dit Casper (de Berlin) [1], une telle disposition donnerait au médecin légiste trop de latitude à son opinion individuelle. Il pourrait nommer *aliénation mentale* tout ce qu'il voudrait, même les passions violentes... » — Les aliénistes sont les mêmes partout.

1. J.-L. Casper. *Traité pratique de médecine légale*, t. I, p. 310.

Je trouve plus loin, dans l'observation de M. Lisle : « M. le docteur Foucault, médecin à Nanterre, qui avait eu occasion de voir madame L. avant son entrée dans l'établissement de M. Brierre de Boismont, a bien voulu nous donner les renseignements suivants sur la manière d'être de cette dame postérieurement à sa sortie : « Madame L. est morte à « Paris, chez sa fille, un an environ après les évé« nements qui précèdent. Après son jugement qui « la forçait à rester chez sa fille, moyennant pen« sion de son mari, elle se livrait aux mêmes em« portements déréglés, aux mêmes menaces de mort « et d'incendie qu'autrefois; mais sa fille la rete« nait par la crainte qu'elle lui inspirait de la re« mettre entre les mains de la justice. » Dans les derniers temps, elle s'adonnait avec une sorte de frénésie aux boissons alcooliques; et lorsque nous avons vu M. le docteur Foucault, il ne lui paraissait pas douteux que ces excès n'eussent contribué à abréger sa vie. »

Voyons quels sont les symptômes observés pendant le séjour de cette femme dans la maison du docteur Brierre de Boismont. Ce sont trois accès de colère en tout: deux contre son mari, un contre une fille de service, en quatre mois et demi. S'il y avait eu d'autres symptômes, ils auraient certainement été cités. Rappelons-nous que la femme incriminée a *un langage et des manières qui dénotent une personne sans éducation;* de plus: *Sa figure énergique, fortement colorée, son tempérament sanguin annonçaient un caractère résolu et emporté, et des habitudes de domination et de violence.* Est-il surprenant qu'une femme sans éducation et d'un caractère emporté s'emporte contre celui qui est l'auteur de sa détention? Mais il serait surprenant qu'il en fût autrement, et l'inertie devant un mari qu'elle considère comme coupable eût été un fâcheux symptôme. Les colères, les violences, ne prennent la valeur d'un symptôme que lorsque l'individu chez lequel on les remarque avait été doux jusque-là, ou lorsque ces colères ne s'étaient jamais montrées aussi fréquentes, allumées pour un motif aussi futile; c'est, en un mot, le changement du caractère qui peut être un signe d'aliénation. Mais les accès de colère d'un homme enfermé dans une maison, quand surtout ils ne se présentent que trois fois en quatre mois et demi, que prouvent-ils, quand cet homme a été toute sa vie d'un caractère enclin à la colère?. Tous les jours, ne voit-on pas des maris, des femmes, avoir des querelles de la dernière violence, allant jusqu'aux coups? Ne voit-on pas des maîtres entrer dans d'excessives colères contre leurs domestiques? Qu'on aille dans les endroits populeux, dans les halles, et on assistera à des colères, des désordres, des batailles grotesques dans leur excessive violence, terribles quelquefois et allant jusqu'au meurtre. Tous ces gens-là sont-ils donc aliénés? Ces passions sont cependant allumées par des motifs souvent bien futiles, et, certes, une détention qu'un homme sujet à la colère subit en la regardant comme illégale doit nécessairement le faire tomber dans son vice habituel. Dans les maisons de santé, les domestiques usent assez souvent de formes maladroites et brutales vis-à-vis de malades aigris par une triste détention. Comment ces maladresses et ces brutalités, qui irritent et indignent les médecins et les surveillants eux-mêmes, n'irriteraient-elles pas des gens séquestrés qui en souffrent directement?

Voilà donc une femme sans éducation et d'un tempérament emporté qui n'a montré d'autres signes d'aliénation que trois accès de colère! Puisque ces soi-disant symptômes se sont seuls manifestés, MM. Béhier et Bouneau n'ont pu en constater d'autres. Dans le cas présent, ils ont donc émis leurs conclusions, non d'après ce qu'ils ont vu, puisqu'ils n'ont pu rien voir, mais d'après ce qu'on leur a dit, c'est-à-dire d'après les antécédents de la malade certifiés par des médecins dont l'un a constaté une *monomanie aiguë de jalousie.* Pouvaient-ils agir autrement? — Dans une expertise médico-légale, il est quelquefois impossible de se former une opinion exacte de l'état mental de l'individu, si l'on ne tient compte que de l'état présent de l'intelligence sans se reporter aux actes qui ont précédé et motivé la séquestration.

« Dans un rapport médico-légal sur une inculpation de meurtre (1845), M. Parchappe, concluant que l'individu ne jouissait pas du libre exercice de ses facultés au moment où avait été commis le crime, déclarait en outre qu'il n'avait offert depuis son incarcération, et au moment de l'examen, aucun signe d'aliénation, mais qu'eu égard à ses antécédents la séquestration était nécessaire. — Les partisans de la non-séquestration considéraient cette conclusion, qui s'est renouvelée plusieurs fois depuis, comme une atteinte portée à la liberté individuelle, comme un crime de lèse-humanité, lorsqu'au contraire c'est une précaution des plus prudentes en faveur de l'individu et du groupe social [1]. »

1. Bonnet, *loc. cit.*, p. 25.

On ne peut donc s'étonner que M. Ferrus ait été embarrassé devant l'opinion de tous ces médecins, et n'ait pu affirmer une aliénation mentale qu'il ne voyait pas; c'est pourquoi il a fait durer deux mois un examen que la Préfecture demandait en une exploration. Et le résultat de cette longue étude est : Qu'il n'y a pas eu de symptômes d'aliénation depuis l'entrée de la malade dans la maison de M. Brierre. Il n'y a donc que les antécédents qui ont pu faire pencher l'opinion de ces médecins; mais alors, comment une enquête officielle n'a-t-elle pas été ordonnée? Car, si l'on parle beaucoup de la femme, on parle peu du mari qui, quoique marguillier et conseiller municipal, pouvait être aussi quinteux, désagréable, sournois, taquin, paillard, avare, toutes choses bien excitantes pour les tempéraments violents. En somme, quoi qu'en dise M. Lisle, le rapport de M. Ferrus était juste et intelligent, et peut-être même trop timide ; d'ailleurs, ce qui lui donne raison et ce qui prouve que cette dame pouvait être rendue à la liberté dans les conditions spécifiées par M. Ferrus, c'est qu'elle a vécu en liberté jusqu'au jour de sa mort.

Il est donc évident que la loi devrait venir au secours des médecins dans ces cas difficiles où les faits commis au dehors sont seuls capables d'éclairer un diagnostic. Une enquête sérieuse, serrée et obligatoire, mettrait le médecin à l'abri du doute et de l'erreur.

ARTICLE 14 DE LA LOI.

Avant même que les médecins aient déclaré la guérison, toute personne placée dans un établissement cessera également d'y être retenue, dès que la sortie sera requise par une des personnes ci-après désignées, savoir :

1° Le curateur nommé en exécution de l'article 38 de la présente loi ;

2° L'époux ou l'épouse ;

3° S'il n'y a pas d'époux ou d'épouse, les ascendants ;

4° S'il n'y a pas d'ascendants, les descendants ;

5° La personne qui aura signé la demande d'admission, à moins qu'un parent n'ait déclaré s'opposer à ce qu'elle use de cette faculté sans l'assentiment du conseil de famille ;

6° Toute personne à ce autorisée par le conseil de famille.

S'il résulte d'une opposition faite au chef de l'établissement par un ayant droit qu'il y a dissentiment, soit entre les ascendants, soit entre les descendants, le conseil de famille prononcera.

Néanmoins, si le médecin de l'établissement est d'avis que l'état mental du malade pourrait compromettre l'ordre public ou la sûreté des personnes, il en sera donné préalablement connaissance au maire, qui pourra ordonner immédiatement un sursis provisoire à la sortie, à la charge d'en référer, dans les vingt-quatre heures, au préfet. Ce sursis provisoire cessera de plein droit à l'expiration de la quinzaine, si le préfet n'a pas, dans ce délai, donné des ordres contraires, conformément à l'article 21 ci-après. L'ordre du maire sera transcrit sur le registre tenu en exécution de l'article 12.

En cas de minorité ou d'interdiction, le tuteur pourra seul requérir la sortie.

Malgré cette longue énumération, malgré toutes ces précautions prises, l'article reste encore insuffisant, non-seulement vis-à-vis du malade, mais encore du médecin.

1° *Vis-à-vis du médecin.*—Comme nous l'avons souvent répété, l'aliéné est quelquefois assez maître de lui-même pour déguiser tout symptôme maladif, ou du moins pour rester dans des conditions de calme et de régularité qui font croire â celui qui le soigne qu'il peut être, sans danger, rendu à la famille. Mais aussi il arrive que ce malade, que l'on croyait guéri, retombe dans ses excitations, se livre à son délire et commet toutes les actions qui avaient nécessité sa séquestration. Le médecin est alors accusé de négligence et d'ignorance, et on est presque tenté de le regarder comme responsable des accidents qui peuvent arriver, —à grand tort, certes; car sa tâche est difficile, impossible quelquefois. Voilà une situation désastreuse pour le médecin; et si on a accusé, souvent avec raison, les aliénistes de ne pas reconnaître assez vite la guérison, d'attendre longtemps, trop longtemps qu'elle soit confirmée, c'est que, malgré toutes leurs précautions, leur prudence, leur temporisation, il leur est arrivé de constater des faits de ce genre et d'être en butte à ces accusations aussi pénibles qu'injustes.

Il n'y a pas longtemps encore, pareille chose arrivait à un des médecins les plus considérables de l'aliénation mentale. Un malade avait été placé dans sa maison, et, après quelques mois de traitement, était devenu calme, doux, en apparence inoffensif. Sur les instances de la femme du malade, — c'était elle qui avait demandé le placement, — le médecin, en raison de la guérison apparente, de la grande amélioration tout au moins, se décida à laisser sortir l'aliéné confié à ses soins. — Deux ou trois jours après, l'aliéné tuait un de ses employés.

Le médecin, bien innocent, ma foi, reçut de l'administration supérieure une demande d'explications qui était presque un reproche.

On comprend qu'un pareil accident dut le rendre prudent, d'autant plus que ce sont souvent les malades en apparence les plus inoffensifs qui commettent ces meurtres.

Le médecin est donc placé dans une fâcheuse alternative, nécessitée par l'organisation actuelle, et à laquelle il faut évidemment remédier.

2° *Vis-à-vis du malade.*—Une prudence naturelle, la crainte de laisser sortir un malade guéri seulement en apparence, l'attente d'une rechute prochaine, malgré l'état actuel de santé et de guérison parfaite, font que beaucoup de malades restent enfermés cinq et six mois après la disparition de tout trouble mental. On comprend encore que si, dans une maison de santé particulière, se glissait un homme peu délicat, qui ne verrait dans la personne qu'il est censé soigner qu'une source de revenu, il gardera cette poule aux œufs d'or le plus longtemps qu'il pourra, surtout si les œufs sont de bonne dimension, en s'abritant derrière ces prétextes, très-excusables chez les gens sincères et honnêtes. Mais cette dernière cause de détention indéfinie est l'exception, je l'espère, et d'ailleurs ne pourrait exister que chez les personnes intéressées, par conséquent dans les asiles privés.

Je ne suis pas le seul qui ait vu et déploré de ces faits, ni le seul qui me sois irrité contre cet excès de précautions.

La citation que j'ai faite du docteur Lisle démontre

que la colère est regardée comme un symptôme, et que l'on ne doit pas se fâcher, dès que l'on est dans une maison d'aliénés, quelque peu aliéné que l'on soit, sous peine de passer pour un fou agité et dangereux ; qu'une personne quelconque soit par mégarde enfermée pour une heure dans sa chambre par son domestique ou par tout autre, certes, on la croira bien en droit de s'irriter, et si elle ne défonce pas la porte, c'est que la personne en question sera d'un caractère bien doux ou bien économe. — Le droit de colère cesse à la porte de l'asile.

Ce n'est pas que je blâme la discipline dans une maison ; je la regarde, non-seulement comme indispensable, mais comme très-utile dans le traitement. Ce que je déplore, c'est qu'un mouvement passionnel tel que celui-là, dans des conditions aussi désastreuses que celles où se trouve un homme enfermé, ne serait-ce que pour quelques jours, puisse être considéré comme un signe d'aliénation. On doit réprimer la colère, mais ne pas la mettre sur le compte de la maladie ni la porter au passif du malade.

Supposons maintenant qu'un étranger, ne connaissant pas un mot de notre langue, soit enfermé dans une maison d'aliénés pour un accès de délire quelconque, pour une tentative de meurtre, par exemple, commise dans son pays. Cet homme vient en France, il est regardé comme aliéné par son ambassade et on le dirige sur une maison de santé. Ce malade, au bout de quelques jours, s'irrite (car que l'on soit malade ou bien portant, une détention irrite toujours), réclame vivement dans sa langue, se fâche. On ne comprend pas ses réclamations, car on est peu polyglotte en France ; on ne voit que la colère, c'est-à-dire de l'excitation, et on envoie le malade dans la division des agités. Dans l'espèce, les colères doivent à coup sûr se renouveler, et le séjour dans la division des agités se perpétuer. Y a-t-il une raison pour que cela finisse? Cet homme ne connaît pas les lois de notre pays ; il ne sait à qui il peut adresser une réclamation écrite, et il ne peut s'en informer, puisqu'il est seul à parler sa langue.

Cependant, quelques faits devraient pousser les aliénistes à la prudence, et les empêcher de regarder tout homme enfermé qui réclame avec violence comme un fou en état d'excitation.

Dans une des maisons du gouvernement les mieux tenues de France, un monsieur vint un jour payer la pension d'un malade. On sonne le surveillant, l'homme le plus doux, le plus compatissant que je connaisse et qui, par sa longue fréquentation avec les aliénés et les médecins qui les soignent, est arrivé à une grande clairvoyance. Le surveillant arrive : il voit dans la cour un monsieur d'une mise négligée, traînant une jambe; il ne doute pas que ce ne soit un malade et l'invite gracieusement à venir avec lui. Une porte s'ouvre et se referme ; le monsieur est pris. Au bout de quelques instants, ne comprenant pas ce qu'on lui veut, ce monsieur demande à sortir; on lui dit que c'est impossible. Il réclame alors, dit qu'il vient payer la pension d'un aliéné, mais qu'il n'est pas aliéné lui-même ; le surveillant répond par des conseils, affirmant que le régime de la maison est très-doux, mais que, s'il s'agitait, on serait forcé d'user de rigueur. Quoi qu'il en soit, un bain fut administré ; on dut l'y plonger de force.

Ce n'est qu'en allant chercher le nom du malade que le surveillant apprit qu'aucun aliéné n'avait été amené. Il courut faire sortir du bain, avec force excuses, le monsieur, qui en fut quitte pour la peur... et une ablution.

Ce surveillant m'a affirmé que si le soi-disant malade se fût agité, on n'eût pas hésité à lui mettre sur la tête l'éponge imbibée d'eau froide et autour du cou le *couvercle* pour le maintenir : ce couvercle est un objet en fer qui vous tient de force dans le bain et ressemble à la cangue des Chinois; seulement, c'est plus élégant et d'une utilité incontestable.

De pareilles erreurs devraient, il me semble, montrer qu'il est facile de prendre pour un fou un homme qui ne l'est pas, et qu'il est imprudent de mettre sur le compte de l'aliénation un mouvement passionnel qui n'a de valeur que tout autant qu'il éclate dans telle ou telle circonstance, avec telle ou telle forme, et contradictoirement avec le passé du malade. Il faut réprimer, car l'excitation se propage facilement au milieu de ces cerveaux malades; mais il faut attendre avant de conclure à la folie, et ne pas formuler un diagnostic sur un signe aussi infidèle et aussi léger.

Il est certain que des précautions devraient être prises pour dégager la responsabilité du médecin qui, ne serait-elle que morale, l'engageront toujours à prolonger l'expectation après un accès passé. Enfin, la loi devrait prévoir cet excès de prudence du médecin, qui pourra être invoquée dans tous les cas de spéculation infâme, et prendre des mesures pour que l'individu guéri soit élargi, dès que sa guérison est confirmée, sans attendre que le médecin traitant ou la famille demande la mise en liberté.

SECTION II DE LA LOI.

Des Placements ordonnés par l'autorité publique.

ARTICLE 18.

A Paris, le préfet de police, et, dans les départements, les préfets, ordonneront d'office le placement, dans un établissement d'aliénés, de toute personne interdite ou non interdite dont l'état d'aliénation compromettrait l'ordre public ou la sûreté des personnes.

La liberté est le droit dont l'homme est, à juste titre, le plus jaloux. Dans la question d'aliénation mentale, c'est ce droit même qui a été le moins protégé, et les intérêts pécuniaires ont fourni matière à des articles plus serrés, à des lois beaucoup plus sûrement protectrices. Certes, les placements faits par la préfecture offrent une tout autre garantie que ceux effectués par les particuliers : d'abord parce que l'administration ne peut être soupçonnée de sacrifier la liberté d'un citoyen à des intérêts privés, ensuite parce que les médecins employés par la préfecture sont choisis parmi les plus savants et les plus honorables. Mais la préfeture, dans son ardeur à prendre l'intérêt général, à protéger la société, ne peut-elle pas se tromper ou être trompée, et les savants qu'elle emploie ne sont-ils pas sujets à l'erreur comme tous les autres? Et d'ailleurs, pourquoi faire, pour la séquestration des aliénés, une exception à la règle générale et se passer de sanction judiciaire? Si l'administration offre de si sûres garanties, si la confiance en elle est à ce point illimitée que nous l'autorisions à faire ce que bon lui semble de notre liberté, selon que nous lui paraissons sains ou malades d'esprit, pourquoi n'en ferions-nous pas de même pour les intérêts pécuniaires auxquels nous devons être moins attachés ? Pourquoi ne prononce-t-elle pas les interdictions, ne casse-t-elle pas les testaments faits par des aliénés, etc. ? Certes, ce serait bien plus simple, plus expéditif et moins coûteux. Si la propriété a été plus fermement soutenue que la liberté, si l'argent de l'aliéné a été mieux protégé que sa personne, c'est que chacun a pensé à la folie possible d'un parent, à la ruine, par une fantaisie de malade, d'une fortune attendue, sans réfléchir qu'il pouvait être accusé de folie lui-même, être enlevé violemment de chez lui, jugé par un médecin et écroué par un autre médecin sans autre forme. Certes, si l'on y pensait un peu, si tout homme était convaincu qu'il est soumis à toutes les misères humaines, il demanderait avec la même ardeur, pour sa liberté et pour ses intérêts, la protection de la justice qui est l'incarnation de la loi. Mais non ; personne ne croit pouvoir être atteint ; et, de même que le pharmacin sourit au choléra et le soldat à la mitraille, de même l'homme dont la raison est encore solide n'a bien vu dans la législation des aliénés que la question d'héritage, la question d'argent.

Dans la législation actuelle, le magistrat est simplement informé de la décision du préfet qui ordonne la séquestration. Il est surprenant, à coup sûr, de voir la liberté du malfaiteur mieux protégée que celle de l'homme malade. Que penserait-on, si l'administration condamnait un voleur sur l'affirmation signée d'un expert nommé par elle ? C'est ce qui arrive cependant dans les séquestrations pour cause de folie ; car le savant ne peut jamais être regardé que comme un expert, et il appartient à la justice de confier le malade au médecin, comme elle confie le malfaiteur au geôlier.

La justice, d'ailleurs, avant de se prononcer sur un aliéné, apporterait sa méfiance naturelle et nécessaire et empêcherait les erreurs ou les abus que les façons sommaires et la confiance de l'administration en elle-même et en ses employés peuvent laisser se glisser.

La loi aurait évité à l'administration bien des accusations injustes et souvent absurdes, si elle n'avait pas mis à sa charge cette puissance exceptionnelle.

ARTICLE 24 DE LA LOI.

Les hospices et hôpitaux civils sont tenus de recevoir provisoirement les personnes qui leur seront adressées en vertu des articles 18 et 19, jusqu'à ce qu'elles soient dirigées sur l'établissement spécial destiné à les recevoir, aux termes de l'article 1er, ou pendant le trajet qu'elles feront pour s'y rendre.

Dans toutes les communes où il existe des hospices ou des hôpitaux, les aliénés ne pourront être déposés ailleurs que dans ces hospices ou hôpitaux. Dans les lieux où il n'en existe pas, les maires devront pourvoir à leur logement, soit dans une hôtellerie, soit dans un local loué à cet effet.

Dans aucun cas, les aliénés ne pourront être ni conduits avec les condamnés ou les prévenus, ni déposés dans une prison.

Ces dispositions sont applicables à tous les aliénés dirigés par l'administration sur un établissement public ou privé.

C'est un des articles qui ont le plus préoccupé la Chambre des députés et la Chambre des pairs au moment de la discussion de la loi.

Voici ce que disait M. Vivien, rapporteur :

« .... Une disposition nouvelle, insérée par la

Commission, défend de déposer les aliénés ailleurs que dans les hospices, dans les communes où il en existe ; il était nécessaire d'indiquer expressément qu'ils doivent être considérés exclusivement comme des malades, et d'empêcher qu'ils ne soient jetés dans les prisons, comme il arrive encore trop souvent. Dans plusieurs départements, les aliénés sont ainsi confondus avec les prévenus, avec les criminels même ; nous avons remarqué avec surprise la délibération d'un conseil général, qui, dans la session de 1836, a voté des fonds pour construire, dans la maison d'arrêt d'un chef-lieu d'arrondissement, une loge destinée aux aliénés dont l'interdiction est provoquée. Dans certains lieux, par un singulier respect de la liberté individuelle, on ne se croit en droit de placer dans les établissements d'aliénés que ceux dont l'interdiction a été prononcée, et, en attendant le jugement, on les enferme provisoirement dans une prison.

« Qui ne comprend toute la cruauté de ce mode de séquestration, le désespoir qu'il répand dans des âmes disposées à l'égarement, les impressions funestes dont il est la source, et les dangers qu'il crée : on rapporte que, dans une prison où les aliénés avaient été ainsi jetés, un deux a succombé victime des traitements barbares que lui ont infligés des condamnés, compagnons de sa captivité. Il est temps que ces désordres cessent; ils accusent le pays qui en est le théâtre, ils feraient douter des progrès de notre civilisation et de la douceur de nos mœurs. Des scrupules mal entendus, le respect pour des fondations exclusives du traitement des aliénés, des préventions que l'ignorance seule explique et ne justifie point, empêchent un grand nombre d'hospices d'admettre les insensés. Ces résistances, que l'humanité condamne, ne se reproduiront plus, en présence des dispositions formelles de notre loi. »

On comprend toute la sollicitude des législateurs devant l'état misérable qui était fait à l'aliéné. L'affirmation absolue du projet de loi effraya quelques membres de la Chambre des pairs, et l'un d'eux demanda un sursis à l'exécution de l'article 24, désirant qu'il ne fût mis en vigueur que lorsque chaque département serait pourvu d'un asile, et qu'on laissât à l'administration supérieure le choix du local consacré aux aliénés, en attendant qu'ils fussent conduits dans un hospice spécial. Il donnait pour raison que cette prohibition si catégorique et si absolue ferait naître des difficultés sans nombre et pourrait empêcher l'exécution de la loi dans ses tentatives protectrices, soit pour la société, soit pour l'aliéné lui-même. Il croyait qu'on pourrait encore, en prenant les précautions nécessaires, recevoir les aliénés dans les prisons, jusqu'à ce que le département ait pu construire un asile comme l'exige la loi.

C'était une tentative dangereuse, et il est plus que probable que, si cette opinion avait prévalu, bien des asiles seraient à construire et bien des aliénés souffriraient encore dans les maisons d'arrêt.

Voici ce que répondit M. de Barthélemy dans un de ses discours :

« Avant que le préfet ait donné l'ordre de diriger l'aliéné vers l'établissement central, que doit faire le maire, dans l'état actuel des choses? Il est le plus souvent réduit à ordonner le dépôt de l'aliéné dans la maison d'arrêt, à le confier à la garde d'un geôlier, et à le confondre ainsi avec les coupables. Cependant, messieurs, l'aliéné n'est pas un criminel; de quel droit traite-t-on le malheur, et un malheur souvent immérité, de la même manière que le crime? L'aliéné est un malade dont la place est fixée dans un lieu que la bienfaisance publique et la charité ont fondé pour venir au secours des infirmités humaines...

« On ne doit pas les livrer à des geôliers, les exposer aux brutalités, aux mauvais traitements, aux sarcasmes des malfaiteurs qui peuplent nos prisons. Un pareil traitement est indigne de notre civilisation ; *il peut, et à bon droit, accroître et exaspérer la maladie des malheureux qui auraient à le subir.*

« Quel reproche le législateur n'aurait-il pas à se faire si, en le tolérant davantage, il avait la douleur d'apprendre qu'une incurabilité absolue a été le résultat du dépôt d'un aliéné dans une prison. *Nous devons donc proscrire ce dépôt d'une manière générale et absolue.* La loi doit le faire, et ne pas laisser à l'administration le soin d'une pareille prescription; *à elle incombera l'obligation de faire exécuter* une disposition toute d'humanité et de haute philanthropie ; elle prendra des mesures pour qu'elle soit suivie, *tant avant le départ de l'aliéné* que pendant le trajet qu'il fait pour se rendre au lieu de sa destination [1]. »

Le gouvernement avait à cœur l'entière exécution de cet article ; plusieurs ministres de l'intérieur s'en occupèrent, insistèrent sur la nécessité de suivre la lettre de la loi, et tous avec la même énergie et la même ténacité. Le 23 juillet 1838, M. de Monta-

1. *Moniteur* du 11 février 1838.

livet, ministre, écrivait dans une circulaire aux préfets :

« Vous veillerez exactement et de la manière la plus scrupuleuse, à ce que, conformément à la disposition des troisième et quatrième paragraphes de l'article 24, les aliénés, à quelque classe qu'ils appartiennent, ne soient jamais conduits, sous quelque prétexte que ce soit, avec les condamnés ou les prévenus, ni déposés dans une prison [1]. »

Quelques préfets se plaignirent, la même année, de ne pouvoir exécuter la loi dans tous ses points, et demandèrent au ministre de l'intérieur par intérim, comte Molé, l'autorisation de continuer, jusqu'à ce qu'on eût pris les mesures nécessaires, à faire séjourner les aliénés dans les prisons. Leur demande était appuyée par une longue énumération de difficultés, embarras et empêchements que leur causait l'avant-dernier paragraphe de l'article 24 de la loi, en les prenant à l'improviste. Le comte Molé répondit, dans une circulaire du 18 septembre 1838 :

« Cette proposition est tellement contraire à l'esprit comme au texte de la loi du 30 juin 1838, que je regrette qu'elle ait pu m'être soumise, et je m'em-

1. *Bulletin officiel du ministère de l'intérieur*, ann. 1838.

presse de déclarer de la manière la plus positive que le gouvernement ne saurait jamais y adhérer. Séquestrer ou conduire les aliénés avec des condamnés ou des prévenus est une habitude justement flétrie par l'opinion publique et par la législation; c'est un outrage à la morale aussi bien qu'un attentat contre la personne.

« Je vous recommande donc, monsieur le préfet, de la manière la plus expresse, de prendre, si vous ne l'avez déjà fait, des mesures immédiates pour que les aliénés qui pourraient se trouver dans des lieux de détention affectés aux condamnés ou aux prévenus, en soient retirés sans délai, et soient placés comme le veut l'art. 24 de la loi du 30 juin 1838, jusqu'à ce que vous ayez pourvu à leur placement définitif dans un établissement spécial, ce que vous devrez faire le plus tôt possible. Je n'ai pas besoin de vous faire observer que *l'inexécution de prescriptions légales de cette nature emporterait pour les administrateurs de tous les degrés une grave responsabilité.*

« Tout en tenant compte des embarras matériels que l'exécution des dispositions de l'art. 24 peut présenter, je n'en conçois pas qui ne puissent être surmontés par une ferme volonté de pourvoir à l'exécution pleine et entière de la loi. »

Le langage du ministre, comme on le voit, était énergique, et le gouvernement paraissait tenir grandement à l'exécution absolue de la loi. Fut-elle exécutée ?... Bien des départements restèrent encore longtemps sans être pourvus d'asiles, et pendant longtemps aussi, malgré l'art. 24, malgré les circulaires, les malades étaient enfermés dans les prisons. Aujourd'hui, il n'y a pas, que je sache, de département où la loi ne soit exécutée :

A Paris, elle ne l'est pas.

Voici ce qu'écrivait M. le docteur Lisle en 1846 [1], après avoir cité l'art. 24 et les passages des circulaires que je viens de rapporter moi-même :

« Ainsi, dans *aucun cas*, les aliénés ne peuvent être ni conduits avec les condamnés ou les prévenus, ni déposés dans une prison. Cependant, le croirait-on? ce que la loi n'admet même pas comme une exception est devenu à Paris la règle commune. Tous les aliénés qui sont placés à Bicêtre ou à la Salpêtrière, par ordre de l'autorité publique, doivent avant tout être examinés et interrogés par le commissaire de police du quartier. Celui-ci, après avoir reconnu la nécessité de leur placement dans un établissement spécial, les dirige sur la Préfecture de

1. Lisle, *loc. cit.*, p. 111.

police, où ils sont examinés encore par un médecin chargé officiellement de constater leur état mental.

« Qu'ils soient tranquilles et inoffensifs, ou furieux et dangereux, tous sont condamnés à subir pendant plusieurs heures le voisinage de tous les malfaiteurs, vagabonds et filles perdues que la police ramasse chaque jour dans les rues de Paris. Le médecin chargé de ce service n'est pas logé à la Préfecture de police ; il n'y fait que deux visites par jour, à midi et à quatre heures; de sorte que tous les aliénés qu'on y amène dans l'intervalle sont obligés de l'y attendre quelquefois pendant dix-huit à vingt heures, et souvent d'y passer la nuit.

« Le local qui est destiné à les recevoir est, il est vrai, entièrement isolé des autres services de la Préfecture; il consiste en un certain nombre de loges convenablement appropriées à leur destination ; les gardiens affectés au service des malades sont aussi distingués avec soin des gardiens des détenus. Mais quelques efforts qu'on ait pu faire pour rendre supportable le court séjour que les aliénés doivent faire à la Préfecture de police, il n'en est pas moins vrai qu'ils sont reçus dans une prison, contrairement aux prescriptions si formelles de la loi. Le bureau des aliénés fait partie intégrante de la prison de la Préfecture, et est situé immédiatement au-dessus de la grande salle où sont renfermés tous les individus qui sont arrêtés chaque jour. Et puis, pour des malades timorés et poursuivis par la crainte de persécuteurs inconnus, qui sont disposés à voir des ennemis dans toutes les personnes qui les entourent ou qu'ils rencontrent sur leur passage, le nom seul de la Préfecture de police ne suffira-t-il pas pour redoubler leur terreur ou les exaspérer jusqu'à la fureur la plus aveugle? Aussi nous paraît-il certain que, dans bien des circonstances, on a vu se réaliser à l'hôtel de la rue de Jérusalem les prévisions de l'honorable rapporteur de la Chambre des pairs, lorsqu'il s'écriait : « Un pareil traitement est indigne « de notre état de civilisation; il peut, et à bon droit, « accroître et exaspérer la maladie des malheureux « qui auraient à le subir. »

« Voilà cependant plus de sept ans qu'une illégalité aussi fâcheuse se prolonge sous les yeux mêmes de l'autorité supérieure, à qui *incombe pourtant l'obligation de faire exécuter une disposition toute d'humanité et de haute philanthropie*, selon les expressions de l'honorable rapporteur de la Chambre des pairs. Elle a même été aggravée, s'il est possible, au commencement de cette année (1846) par la nomination d'un médecin que nous avons vu être chargé d'examiner tous les malades dont le placement est ordonné par l'autorité publique. »

Et plus loin :

« Et la ville de Paris n'est-elle pas assez riche pour faire construire un lieu de dépôt assez éloigné, ou du moins assez distinct de la Préfecture de police, pour faire taire les préventions des malades et les répugnances des familles ? Il y a d'ailleurs, dans la prolongation d'un semblable état de choses, des inconvénients si nombreux et si graves, l'abus et l'illégalité sont si évidents, qu'il suffira, nous l'espérons, que nous les ayons signalés à l'administration supérieure pour que celle-ci se hâte d'y mettre un terme. »

Cette place de médecin chargé d'examiner les aliénés amenés à la Préfecture s'est perpétuée, comme le craignait M. Lisle ; la Ville de Paris n'a fait construire aucun dépôt pour recevoir les malades temporairement, et il n'a pas suffi de signaler l'abus et l'illégalité pour qu'on y mît terme.

Les choses se passent, en effet, aujourd'hui comme en 1846, et tout malade arrêté par la Préfecture est écroué au Dépôt. Je ne sais si l'endroit où l'on enferme les aliénés est le même que celui dont parle

M. Lisle ; je ne suis entré que dans la première salle du Dépôt actuel ; peut-on appeler cela la salle d'attente? Et si je juge du reste par ce que j'ai vu, le logement des aliénés doit être bien misérable. Durant les quelques instants que je suis resté dans cet horrible endroit, j'ai vu entrer et sortir des vagabonds de la pire espèce et des filles destinées à Saint-Lazare. L'aliéné arrêté par la Préfecture coudoie donc toutes ces turpitudes, toutes ces horreurs. Les malheureux qui arrivent à la Préfecture après la visite du médecin passent la nuit dans ce lieu, en compagnie de quelques autres malheureux. Ceux qui sont enfermés le samedi soir y restent jusqu'au lundi matin, et, par conséquent, y séjournent deux nuits. On ne tient pas compte de l'état mental du malade écroué, et le plus lucide est souvent en compagnie du dément le plus abruti. Qu'on ne dise pas que cet état de choses déplorable ne fait courir aucun danger au malade. Voici ce qui s'est passé dernièrement : Un jeune homme étranger, menant son commerce avec une grande habileté et une grande intelligence, est atteint à peu près tous les ans par un accès de manie de courte durée. Une fois, il a été enfermé à Paris dans une maison de santé ; à Londres, on a été obligé de le séquestrer de même.

L'été dernier, pendant un voyage qu'il faisait à Paris pour ses affaires, il est pris de son accès annuel. Son délire se manifeste par une activité fébrile, une loquacité intarissable; il court, va, vient, veut traiter toutes ses affaires à la fois, travaille la nuit, ne doute de rien, oublie dans sa fiévreuse précipitation, son argent, des objets qu'il ne quitte jamais; il traverse Paris dans tous les sens, exécute ses moindres pensées immédiatement et sans qu'une objection se présente à son esprit; il entre dans un café sans penser qu'il n'a pas d'argent, boit et laisse des objets en nantissement; il a semé ainsi dans différents endroits tout ce qu'il avait sur lui de quelque valeur; c'est un besoin de mouvement qui ne le quitte ni jour ni nuit. Avec cela, il est lucide, voit et comprend ce qui se passe autour de lui, traite même encore ses affaires sans erreur, malgré sa précipitation; mais une agitation maladive trahit son état mental. Ce jeune homme, après avoir usé et abusé d'une voiture de place, voulut la renvoyer; mais il n'avait pas d'argent, et proposa au cocher d'aller se faire payer à son hôtel ou chez un de ses correspondants. Le cocher refusa, se fâcha et fit arrêter le voyageur, qui fut conduit, comme atteint d'aliénation mentale, au Dépôt de la Préfecture de police. Il passa la nuit avec quelques compagnons d'infortune; le dégoût qu'ils lui causèrent, l'horreur de sa situation amenèrent l'idée du suicide. Dans ces excitations maniaques, l'idée qui vient à l'esprit est immédiatement exécutée. Le malade tenta donc de se pendre. Heureusement, il ne réussit pas, et après quinze jours de traitement dans une maison de santé, il était assez bien pour qu'on permît à sa jeune femme de le ramener dans son pays. Cette nuit passée à la Préfecture avait profondément frappé le malade qui n'en parlait pas sans une profonde horreur.

Ce n'est donc pas une réforme qu'il faut demander ici, mais l'exécution de la loi. N'est-il pas au moins étrange de voir les discussions des deux Chambres, les énergiques recommandations du gouvernement si complétement oubliées ou négligées. A quoi donc servent les lois? Ne pourrait-on pas croire que, si l'on observe rigoureusement celles qui frappent, on néglige volontiers celles qui protégent ?

La section IV est presque tout entière consacrée à la protection des biens des aliénés séquestrés; cependant, dans le premier article de cette section, nous trouvons deux paragraphes qui nous paraissent défectueux; l'un met une certaine classe d'aliénés dans une situation difficile, lorsqu'ils veulent réclamer leur sortie; l'autre est par trop facile à éluder.

ARTICLE 29 DE LA LOI.

Toute personne placée ou retenue dans un établissement d'aliénés, son tuteur si elle est mineure, son curateur, tout parent ou ami, pourront, à quelque époque que ce soit, se pourvoir devant le tribunal du lieu de la situation de l'établissement, qui, après les vérifications nécessaires, ordonnera, s'il y a lieu, la sortie immédiate.

Les personnes qui auront demandé le placement, et le procureur du roi, d'office, pourront se pourvoir aux mêmes fins.

Dans les cas d'interdiction, cette demande ne pourra être formée que par le tuteur de l'interdit.

Mais si le tuteur ne demande pas?...

Un homme, jeune encore, d'une intelligence étroite, ayant l'enthousiasme et l'exaltation faciles, d'un caractère faible et dominé par la vanité, se laissa entraîner aux excès les plus grands et devint tellement excessif dans ses dépenses, ses débauches, ses querelles, ses inimitiés contre certains de ses parents, qu'après avoir fait prononcer son interdiction par mesure de précaution, on ne tarda pas à le faire enfermer dans une maison spéciale.

Après un séjour de plusieurs années dans l'hospice, le malade se crut en état de jouir de sa liberté. D'un côté, il n'ignorait pas que le médecin le regardait toujours comme malade; de l'autre, il était bien sûr que son tuteur, qui avait eu à souffrir de ses extravagances, ne demanderait pas sa sortie. Il s'adressa directement à l'autorité judiciaire qui, après renseignement pris auprès du médecin de l'établissement, répondit que *seul le tuteur* d'un malade interdit pouvait requérir sa mise en liberté. Le séquestré adressa alors à l'autorité judiciaire une demande en levée d'interdiction. Il lui fut répondu que l'on ne pourrait examiner s'il y avait lieu de lever son interdiction, qu'au moment où on l'aurait jugé capable de sortir de la maison d'aliénés.

Ce n'est qu'après plusieurs mois de démarches que cet homme fut rendu à la liberté.

Ainsi, l'interdit est entre l'interdiction, qui l'empêche de réclamer lui-même sa sortie, et son tuteur qui ne veut pas la réclamer.

Pourquoi cette différence entre la personne interdite et celle qui ne l'est pas? Qu'un tuteur ait toute autorité sur les biens de l'interdit, cela va de soi; mais sa liberté corporelle n'en doit pas souffrir, et l'interdit ne peut être annihilé dans la possession de son corps comme dans la gestion de ses biens. Pourquoi ne mettrait-on pas l'aliéné interdit dans les mêmes conditions que celui qui ne l'est pas ? Et quelle différence y a-t-il entre ces deux malades, pour que l'un ait des garanties que l'autre n'a plus ?

LOI (art. 29, dernier alinéa.)

Aucunes requêtes, aucunes réclamations, adressées soit à l'autorité judiciaire, soit à l'autorité administrative, ne pourront être supprimées ou retenues par les chefs d'établissements, sous les peines portées au titre III ci-après.

Voici ce que Marcé pense de cet article :

« L'article 29 dit qu'aucunes requêtes, aucunes réclamations adressées, soit à l'autorité judiciaire, soit à l'autorité administrative, ne pourront être supprimées ou retenues par les chefs d'établissements, sous les peines portées au titre III, et le titre III prononce, contre les directeurs ou les médecins délinquants, un emprisonnement de cinq jours à un an et une amende de 50 à 3,000 fr.

« D'abord, il aurait fallu définir ce que l'on entendait par requêtes et réclamations à l'autorité. Presque tous les aliénés en font ; c'est à cela qu'un bon nombre d'entre eux passent ou voudraient passer la plus grande partie de leur temps. Le directeur et le médecin seront-ils mis à l'amende et en prison pour avoir retenu des requêtes et des réclamations empreintes de folie? Ils devront y être condamnés, d'après la loi; car la loi ne fait aucune distinction.

« Et si le directeur et le médecin ôtent à l'aliéné le moyen de faire des requêtes et des réclamations, en le privant de papier, à quoi seront-ils condamnés? La loi ne prévoit pas le cas; il n'y aura donc pas de pénalité. Ainsi, empêcher de faire une réclamation qui pourrait être raisonnable n'exposera à aucune peine, et retenir une réclamation folle fera encourir une condamnation. »

Certainement, c'est la meilleure critique que l'on puisse faire du dernier alinéa de l'article 29.

Dans certaines maisons, en effet, on fait un triage; on ne laisse partir que les lettres qui ont une apparence de raison. Que deviendraient l'administration et les magistrats, s'ils recevaient les innombrables et singuliers écrits qui leurs sont adressés chaque jour? Ces maisons croient se conduire légalement, quoiqu'elles agissent en dehors et même contrairement à la loi; dans tous les cas, elles se conduisent honnêtement.

Il y a d'autres maisons où, non-seulement il est difficile, quelquefois impossible d'écrire une lettre, comme le dit Marcé, mais encore où toutes celles qui sont écrites, folles ou non, sont jetées au panier.

Il est vrai que la loi menace du terrible titre III les chefs d'établissements qui retiennent ou suppriment les lettres ; mais en a-t-elle puni un seul depuis qu'elle est en vigueur ? Et cependant, ce n'est pas d'aujourd'hui qu'elle n'est pas exécutée.

D'ailleurs, comment ferait-on pour sévir ? Qui dénoncera le fait ? L'aliéné ?.... Mais il croit sa lettre partie ; on le lui a dit, d'ailleurs ; il n'accuse donc que le destinataire. Si l'aliéné se plaignait cependant, qui pourrait le croire ? Le malade n'a-t-il pas des illusions nombreuses, et qui pourra balancer entre l'affirmation d'un fou et celle d'un homme sain d'esprit ? Un petit mensonge n'augmentera que d'une illusion de plus le délire d'un malade et sauvera la moralité et les intérêts d'un homme bien portant... C'est un des articles dont l'aspect est le plus terrible et celui qu'on exécute le moins...

Bonne loi !...

Les articles qui suivent sont presque exclusivement consacrés à la protection des biens des aliénés. Quoique ces articles aient été étudiés avec un soin extrême, quelques abus ont cependant pu se glisser ; il est arrivé de voir des malades trouver après leur guérison, qui avait nécessité un séjour plus ou moins long dans une maison de santé, leur fortune en désordre, dilapidée.

M. X. jouissait d'une fortune modeste acquise au prix d'un travail persistant. Quoique ayant fait un mariage d'amour (il avait épousé sa maîtresse), il n'était pas heureux en ménage. S'il accusait sa femme d'être légère, elle accusait son mari d'être par trop jaloux. M. X. fut frappé tout à coup d'un accès de manie aiguë et mis dans une maison d'aliénés. Après quelques mois de soins, M. X. revint peu à peu à la santé.

La femme fut chargée de la gestion des biens de son mari.

Rusée et aimant sa liberté, heureuse de jouir d'un bien dont le possesseur légitime ne pouvait contrôler l'emploi, elle sut se faire bien venir par le médecin de l'établissement, et, à l'aide d'une comédie habilement jouée, put passer à ses yeux pour la plus vertueuse et la plus attachée des femmes. Toutes les fois qu'elle venait voir son mari, elle ne manquait pas, après sa visite conjugale, d'aller dire au médecin que son mari était encore sous le coup de préventions insensées ; qu'il la menaçait, qu'il l'accusait des actions les plus infâmes, et que certainement elle était convaincue qu'il lui arriverait des choses fâcheuses, si on lui rendait sa liberté. Cependant, la conduite du malade était exempte de tout reproche ; aucun symptôme n'était saisissable, et les mois s'écoulaient ; le médecin restant convaincu que le malade dissimulait vis-à-vis de lui et devait retomber infailliblement dans un délire, dangereux peut-être, si on le laissait livré à lui-même. Ce n'est qu'après un temps très-long qu'on laissa sortir M. X. A sa sortie, il trouva sa fortune diminuée, et acquit la certitude que la conduite de sa femme avait grandement laissé à désirer. Il y eut procès. M. X. gagna... Il n'y a pas eu de rechute depuis trois ans.

C'est par le même procédé qu'un autre malade fut maintenu dans une maison de santé. A sa sortie, sa fortune était à peu près disparue ; il en réunit à grand'peine les bribes et se garda bien de plaider ; il se retira le plus obscurément possible, vécut ignoré de tous, tant il craignait de retomber dans des mains médicales.

Mais ce ne sont certainement pas les dispositions de la loi qui ont trait aux intérêts de l'aliéné qui appellent une révision urgente ; c'est la partie qui touche à l'individu, à sa liberté. Les conditions d'entrée et de sortie doivent préoccuper surtout. C'est en ces deux points que les erreurs sont déplorables.

III

RÉFORME

D'après ce que nous venons de voir, et de l'aveu même d'éminents aliénistes, des abus graves peuvent exister, malgré les bonnes intentions de la loi; il y a donc d'importantes lacunes à combler: c'est ce que la presse demande; rien n'est moins subversif. Cependant, dès que la loi du 30 juin 1838 a été attaquée et discutée, beaucoup de médecins se sont élevés, ont crié à l'injure, alors que personne ne songeait à les injurier. Un des plus éminents a dit : « Est-ce que par hasard les médecins seraient, dans l'opinion publique, pour la moralité, au-dessous des autres hommes?... » Jamais, j'en suis sûr, personne n'a songé à lancer pareille impertinence ; mais, s'ils ne sont pas au-dessous des autres hommes, ils ne sont pas, que je sache, au-dessus, et doivent être soumis à des lois de contrôle comme tous les autres. Le corps médical, on n'en doute pas, est très-honorable ; mais, au milieu des corporations les plus honnêtes, se glissent toujours des individualités malfaisantes ; c'est contre elles que s'éveillent toutes les défiances.

Dans d'autres pays, d'ailleurs, la loi est d'une rigueur que les médecins n'ont pas regardée comme injurieuse : en Belgique, dans les Pays-Bas, en Prusse, aucune séquestration ne peut se faire sans l'autorisation et l'intervention de l'autorité administrative ou judiciaire. C'est ce que l'on demande pour la France.

SÉQUESTRATION.

Le législateur, soit dans l'intérêt de la société, soit dans celui du malade, a été dominé par une préoccupation : la facilité du placement dans la maison d'aliénés. Certes, le but a été atteint et même dépassé ; permettre de séquestrer un malade sur un certificat de médecin ou même sans ce certificat, en cas d'*urgence*, est se montrer vraiment trop facile. Et d'abord, comme je l'ai démontré, ces cas d'urgence n'existent réellement pas. C'est le petit nombre des accès de délire qui éclatent tout d'un coup, et jamais leur invasion n'a cette rapidité foudroyante qui pourrait forcer à se séparer du malade sur l'heure. Dans la grande majorité des affections mentales, le délire ne s'élève que progressivement, et toujours une assez longue période de temps s'est écoulée depuis l'époque de l'invasion de la maladie jusqu'au jour de la séquestration. Quand on a suivi le mode de placement des malades, même admis d'urgence, on voit que la famille aurait eu tout le temps nécessaire pour faire les démarches les plus difficiles et les plus compliquées, si la loi les exigeait. Dans le délire aigu, qui éclate quelquefois si rapidement, jamais, que je sache, la séquestration ne s'est effectuée le jour même de l'explosion du délire. Y a-t-il beaucoup de médecins, d'ailleurs, qui, dans ces cas difficiles, seraient assez sûrs d'eux-mêmes pour affirmer, dès le début et après un premier examen, que cette exaspération nerveuse n'est pas symptomatique d'une lésion viscérale encore inconnue. On a vu des personnes atteintes du délire symptomatique de la pneumonie, de fièvre typhoïde, amenées dans des maisons spéciales comme frappées d'aliénation mentale ; et certainement la séquestration ne s'effectuait pas au début du délire. Ce que le médecin ne pourrait faire sans légèreté, comment la famille le pourrait-elle ? Il est donc impossible d'invoquer l'urgence, et les personnes qui font enfermer un malade dépensent ordinairement beaucoup plus de temps en hésitations et en lamentations, qu'il n'en faudrait pour faire les démarches que nécessite la séquestration d'office.

De plus, si la loi était exécutée, à Paris au moins, si un local convenable était spécialement destiné aux aliénés que la Préfecture arrête, il serait tout aussi facile à la famille qui veut faire séquestrer un de ses membres frappé d'un accès de folie, d'amener le malade dans ce lieu d'examen officiel, que de le conduire dans une maison de santé quelconque. Le malade aurait au moins toute la garantie que l'administration peut donner, et la question d'urgence, la facilité d'enfermer un homme sans certificat, disparaîtraient.

Mais cette garantie que donnerait l'administration ne suffit même pas, et on la repousse. Nos biens et nos libertés sont placés sous la protection de la justice ; pourquoi l'homme malade serait-il exclu du pacte social et sortirait-il de la règle commune ? Pourquoi sa liberté n'aurait-elle pas les mêmes garanties que celle des autres hommes ? Pourquoi, en un mot, ne serait-il pas jugé par les mêmes juges? Cette unité de protection peut exister facilement ; en Prusse, dans les Pays-Bas, aucune séquestration ne se fait sans l'intervention de l'autorité judiciaire. Serait-ce donc notre *furia francese* qui mettrait obstacle à cette intervention ?...

Déjà, au moment de la discussion de la Chambre, l'article 6 du projet de la Commission (article 9 de la loi) souleva de vives contestations ; M. Isambert voulut faire passer dans les mains de l'autorité judiciaire les pouvoirs que le projet de loi conférait à l'autorité administrative. Il présenta l'amendement suivant :

Dans les trois jours de la réception du bulletin, le procureur du roi chargera un ou plusieurs hommes de l'art de visiter la personne désignée dans ce bulletin, à l'effet de constater son état mental et d'en faire rapport sur-le-champ.

Il pourra requérir que cette personne soit amenée devant le président du tribunal de l'arrondissement, qui statuera ainsi qu'il appartiendra, sur la mise en liberté de cette personne, ou sur sa maintenue provisoire dans l'établissement où elle aura été déposée.

L'ordonnance que le président rendra à ce sujet, après en avoir conféré avec le procureur du roi, sera conforme à l'article 378 du Code civil [1].

La Chambre des députés et la Chambre des pairs repoussèrent l'amendement.

Les partisans de l'intervention directe du pouvoir judiciaire recommencèrent la lutte avec plus de vivacité et de ténacité dans la discussion de l'article 11 de la commission (18 de la loi). M. Isambert présenta l'amendement suivant :

Le président du tribunal civil, d'office, ou sur la réquisition du ministère public, ordonnera le placement, dans un établissement public d'aliénés, de toute personne interdite ou non interdite, dont l'état d'aliénation lui paraîtra, soit par la connaissance personnelle qu'il aurait acquise, soit par des certificats des hommes de l'art, de nature à compromettre l'ordre et la sûreté publique.

On le voit, cet amendement était aussi net, aussi affirmatif que le précédent.

Voici comment M. Isambert le soutint à la tribune.

« .... Tout le système que je combats, dit M. Isambert, repose sur ceci, que l'Assemblée constituante, après avoir, dans la loi abolitive des

1. *Moniteur*, 7 avril 1837.

lettres de cachet, du 26 mars 1790, renvoyé aux procureurs du roi et aux juges l'examen de toutes les causes de liberté où des aliénés sont compromis, aurait, peu de temps après, et presque le même jour, dépouillé l'autorité judiciaire de la protection individuelle en faveur de l'autorité administrative, en déférant à cette dernière le soin de prononcer sur les cas d'insanité. Cela n'est pas, l'Assemblée constituante n'a pas confié aux directeurs de départements, que représentent aujourd'hui les préfets, le droit de disposer ainsi de la liberté individuelle.

«La loi du 24 mars 1790 et celle du 22 juillet 1791 sont étrangères aux pouvoirs de l'administration proprement dite; ce sont des lois sur l'organisation judiciaire, qui n'ont pour objet, dans les dispositions dont on abuse, que les questions de police locale; je dis qu'il n'est jamais entré dans la pensée de cette grande assemblée de confondre ainsi des pouvoirs qu'elle avait séparés.

« Toute l'argumentation de M. Vivien consiste à absorber, au profit de l'administration départementale, ce que ces lois avaient donné au pouvoir municipal. Mais comment a-t-on sitôt oublié les principes qui séparent le pouvoir municipal du pouvoir central et départemental? La Commission nous demande de le confondre avec l'autorité administrative ; elle veut absolument évoquer à elle, comme son droit propre, celui qui donne à l'autorité municipale le pouvoir de faire opérer ; mais les lois de 1790 et de 1791 elles-mêmes, tant elles avaient de sollicitude pour la liberté individuelle, n'avaient pas même formellement écrit le pouvoir d'arrestation ; elles se bornaient à dire que l'autorité municipale serait chargée de pourvoir à la divagation des furieux laissés à l'abandon.

« Je ne fais aucune difficulté de reconnaître qu'il est sage que l'autorité locale ait le pouvoir de décerner un ordre provisoire, quand la sûreté publique est intéressée par cette divagation ; je ne l'ai jamais contesté ; je demande même qu'il soit régularisé. Mais quand toutes les lois constitutionnelles, depuis celle du 26 mars 1790, ont placé la liberté des personnes sous la garantie des autorités judiciaires, quand ces lois portent que nul ne peut être arrêté sans un ordre formel de l'autorité judiciaire, on voudrait transporter ce droit à l'autorité administrative ! Et cela serait sans conséquence pour la liberté des citoyens !

« D'après les dispositions de la Constitution de l'an VIII (articles 77 et suivants), confirmées par le Code criminel et par l'article 84 de la Charte, aucun ordre d'arrestation ne peut être donné que par les fonctionnaires auxquels ce droit a été nominalement accordé. Je défie la Commission tout entière de me citer un texte contraire. Pour éviter le reproche d'attentat à la liberté, prévu par l'article 81 et par le Code pénal, on a été obligé de supposer que les ordres des préfets pour la séquestration des aliénés devaient être assimilés aux ordres de l'autorité municipale.

« Qu'on jette un voile sur le passé, sur des irrégularités que l'insuffisance de la législation et la nécessité publique ont rendues excusables, à la bonne heure! Je n'en fais pas un chef d'accusation, mais je dis qu'aujourd'hui il faut rentrer dans les principes de la constitution. Il n'y a de rationnel que le pouvoir du magistrat, quand il s'agit de la liberté individuelle. Comme l'a dit M. Laurence, pour le cas de contrainte par corps, pour le cas où un père de famille est réduit à la nécessité de provoquer des mesures contre son enfant mineur, le Code civil dit que c'est au président du tribunal à y pourvoir. Les aliénés ne sont-ils pas assimilés aux mineurs par le Code civil lui-même ? Je ne comprends donc pas qu'on veuille enlever ce pouvoir au président du tribunal et le conférer à l'autorité administrative. »

Ceci est assez clair, et n'a pas besoin de commentaires.

M. Odilon Barrot, à son tour, regarda l'autorité judiciaire comme pouvant seule donner un ordre de séquestration ; il admettait cependant que l'autorité administrative pourrait, dans des cas d'urgence, isoler le malade et le placer dans une maison spéciale, à condition toutefois que l'intervention de l'autorité judiciaire fût immédiate, afin de donner l'ordre de séquestration définitive ou d'élargissement.

MM. Isambert et Odilon Barrot furent trop facilement convaincus par la réponse de M. Vivien ; l'amendement fut retiré.

Le meilleur argument qu'on puisse invoquer en faveur de l'intervention judiciaire, c'est l'exemple des résultats produits par la loi prussienne. Cette loi fonctionne, on s'en trouve bien à Berlin ; pourquoi serait-elle impraticable en France? Voici deux articles qui dominent toute cette loi ; ils assurent à la liberté individuelle la garantie désirable et rendent les erreurs difficiles :

« *Allg. L. R.*, vol. II, tit. XVIII, § 13.—Pour constater qu'un individu est furieux, ou dément, ou imbécile, il faut une exploration médicale faite par des experts en présence d'un juge. »

« *Code de procédure civile* (*rhénan*), art. 322.—Si les juges ne trouvent pas dans le rapport des éclaircissements suffisants, ils pourront ordonner d'office une nouvelle expertise par un ou plusieurs experts qu'ils nommeront également d'office et qui pourront demander aux précédents experts les renseignements qu'ils trouveront convenable[1]. »

Examinons quelques-unes des objections faites en France contre l'intervention de l'autorité judiciaire dans la séquestration des aliénés.

« L'action de la justice, écrit M. Petit, nécessite un certain appareil, un interrogatoire qui, de l'aveu de tous les médecins, exerce une influence fâcheuse sur l'esprit des aliénés dont il augmente les terreurs. Il faut aussi une publicité qui aurait pour les familles les plus fâcheux résultats. »

L'influence fâcheuse que peut exercer la présence d'un juge sur l'esprit d'un aliéné n'est à coup sûr pas plus grande que celle de la séquestration. Dans les premiers jours surtout, les malades accessibles à une *influence* sont surtout exaspérés par la privation de leur liberté, et les interrogatoires comptent pour bien peu auprès de cette cause première de douleur, de regret et d'excitation. Tous, d'ailleurs, ne sont pas impressionnés de la même manière, et leur système

1. Voir à la fin du volume : Loi prussienne, p. 206.

nerveux ne vibre pas avec une égale intensité. Les déments ou les mélancoliques, plongés dans la stupeur, restent ordinairement inertes; les hallucinés, les malheureux atteints du délire des persécutions sont surtout remués par les sensations subjectives et maladives ; le monde objectif les laisse ordinairement indifférents, et ils ne s'emportent que lorsqu'ils réclament leur liberté ou qu'on discute leurs hallucinations et l'objet de leur délire. C'est dans le délire des persécutions, et souvent chez les jeunes aliénées, que le moindre bruit, la vue d'une personne inconnue frappe vivement les malades et les plonge dans une terreur inexprimable; mais le juge n'excitera pas plus ces terreurs que le médecin, les gens de service, un oiseau qui passe ou le bruit du vent. Quant au maniaque, son excitabilité n'est pas soumise à la qualité des personnes, et tout objet extérieur et nouveau, tous les discours, de quelque nature qu'ils soient, le poussent à vociférer, à gesticuler. Dans tous ces délires, d'ailleurs, l'aliénation mentale est d'une constatation facile, l'interrogatoire sera forcément court et l'excitation peu vive.

Mais c'est justement dans les cas où une exploration doit être minutieuse, difficile, longue, que la présence du juge, loin d'être une cause d'excitation, pourra au contraire donner un espoir au malade et peut-être faciliter le diagnostic. Le fou lucide, assez lucide pour cacher son délire, invoque les lois pour la défense de sa liberté, et la présence d'un juge ne pourra que le satisfaire ; peut-être aussi, devant un juge, le malade ouvrira-t-il son cœur, dénoncera ses ennemis, ses persécuteurs, ou avouera les aspirations délirantes qui l'occupent. Et dans ce cas d'exploration difficile, l'interrogatoire du médecin a une influence excitante bien autre que la présence d'un magistrat; car le médecin aliéniste, avec la grande habileté d'investigation qu'il possède, et avec le désir constant de trouver le point faible de l'intelligence, les révolte bien plus par ses questions nombreuses, variées, pénétrantes, que la vue d'un homme que tout le monde et les malades eux-mêmes regardent comme un défenseur naturel.

Il est vrai qu'après le départ du magistrat, le malade, si sa liberté ne lui est pas immédiatement rendue, maudira les juges et la justice, doutera même de la qualité de l'homme qu'il a vu ; mais n'a-t-il pas déjà maudit les médecins, sa famille, ses amis ?... L'influence excitante et dangereuse du juge ne peut être prise au sérieux ; cet argument est sans valeur.

« L'intervention judiciaire, dit plus loin M. Petit, se bornera-t-elle à une ordonnance de référé ? Mais alors l'action de la justice perd toutes ses garanties, qui résultent précisément de la publicité et de l'observation scrupuleuse des formalités légales. »

Mais l'action de la justice est-elle sans valeur quand, au lieu d'interdire un individu, on lui nomme un conseil judiciaire? Quant à la publicité, c'est une garantie pour la liberté individuelle, et je n'y vois que des avantages. Ce secret des familles dont on parle tant, et qui d'ailleurs est ordinairement éventé, sert souvent à commettre des actions déplorables ; n'ai-je pas cité un mariage fait sous le couvert du secret des familles ?

« Si le président seul doit prononcer, ajoute le même auteur, il y aura alors simple substitution d'une personne à une autre et un contrôle de moins; car, avec le système du gouvernement, les actes du préfet sont toujours soumis à l'appréciation de l'autorité judiciaire ; mais qui donc pourrait attaquer les mesures prises par le président du tribunal ? »

On a foi en la justice, on se soumet à ses arrêts. Si la justice n'est pas juste et protectrice, il faut la détruire et ne pas tant discuter ; cependant, tout le monde y croit, tout le monde l'invoque, et les coquins même seraient bien irrités, si on ne procédait pas judiciairement avec eux. Supposez qu'après avoir arrêté un homme, l'administration lui dise : « Vous êtes un voleur, tous les témoignages l'affirment; on vous a pris la main dans le sac, la culpabilité est évidente. Dans votre intérêt, nous allons vous condamner nous-mêmes et vous mettre en prison; c'est très-heureux pour vous, car nos actes sont toujours soumis à l'appréciation de l'autorité judiciaire; mais qui donc pourrait attaquer les mesures prises par un tribunal ? » Certainement, en allant en prison, le coquin se récrierait fort et parlerait de ses droits de citoyen.

N'est-il pas possible d'attaquer les mesures du président du tribunal en s'adressant de nouveau à la justice? Cela se voit tous les jours et pour toute sorte d'affaires.

Presque tous ces arguments étaient contenus dans l'exposé des motifs fait par M. de Gasparin, en 1837, à la Chambre des députés.

Le baron Pelet (de la Lozère) apporta une autre objection qui ne manque pas de singularité :

« Je comprends très-bien, disait-il, quand une

famille aura fait séquestrer abusivement un de ses membres, que le tribunal qui en sera informé le fasse mettre en liberté. Il interviendra ainsi dans des actes de la vie privée, et protégera la liberté individuelle contre l'atteinte qu'elle aura reçue ; mais lorsque c'est l'autorité publique qui agit, ne craint-on pas d'élever un conflit dangereux ? Ne craint-on pas que le préfet, dans l'appréhension de ce conflit, ne s'abstienne de rendre un arrêté qui sera cassé quelques jours après par un tribunal de quelques juges, par un tribunal irresponsable? Et je demande à qui la responsabilité de la sûreté publique restera dans cette occasion ? »

Étroite théorie, qui demande qu'on protége la liberté individuelle contre la famille et non contre l'administration ! Étrange opinion, qui veut que les lois soient faites pour la commodité de ces administrations, et livre à leur bon plaisir le citoyen pour ménager leur amour-propre ! Mais peut-il y avoir conflit entre ces administrations qui, certes, n'ont pas été créées pour lutter entre elles, mais pour s'aider? Et si, après un conflit, qui me paraît impossible, l'administration s'abstient de rendre un arrêté nécessaire, à qui, dans cette occasion, la responsabilité de la sûreté publique restera-t-elle? Mais à l'administration, évidemment, si elle est en faute.

Toutes ces objections ne sont pas solides, et la présence d'un représentant de la justice dans l'expertise médico-légale qui doit priver un homme de sa liberté est tellement importante qu'elle contre-balancerait encore des objections autrement sérieuses.

Voici les changements que je propose d'apporter dans le mode de séquestration en vigueur aujourd'hui; ils n'ont rien d'impraticable, et la loi prussienne nous en fournit à peu près tous les éléments.

Des listes de *médecins experts* doivent être dressées et divisées en plusieurs degrés, deux, ou trois pour plus de garantie.

Quand une famille voudra faire entrer un malade dans une maison d'aliénés, le président du tribunal, sur sa demande, fera visiter le malade par un juge et deux médecins experts, l'un désigné par le tribunal, l'autre par la famille.

Un endroit spécial, destiné exclusivement à recevoir les aliénés soumis à l'examen, doit être désigné. On construit un Hôtel-Dieu aujourd'hui, pourquoi ne réserverait-on pas quelques chambres pour les malades riches, et un dortoir pour les indigents, complétement séparés du reste de l'hôpital? Il est facile de savoir la quantité de lits nécessaires. La proximité de l'Hôtel-Dieu et de la Préfecture serait une commodité pour le service. Un médecin attaché à ce service pourra examiner jour par jour les malades, et, dans les cas difficiles, être d'une incontestable utilité pour l'expertise. Ce lieu, en un mot, remplacera le dépôt actuel de la Préfecture, mais sera mieux approprié, et la loi ne sera pas violée.

En cas d'urgence, c'est en ce lieu que le malade sera immédiatement amené pour être examiné et de là dirigé vers une maison spéciale au choix de la famille.

Sur le rapport signé des médecins et des juges, l'individu soumis à l'expertise sera immédiatement séquestré s'il est reconnu malade, et un jugement consacrera plus tard la séquestration.

En cas de doute, une nouvelle expertise serait faite par des médecins jurés d'un degré supérieur, ou le juge demanderait à chaque expert un rapport écrit et motivé et recourrait aux juridictions médico-légales supérieures.

Dans les cas rares où le délire n'est que dans les actes et où la constatation de la folie est difficile, une enquête sera ordonnée, afin de donner aux experts requis toute certitude de véracité dans l'exposé des faits qui ont nécessité la demande de séquestration.

INSPECTIONS.

Les inspections sont de deux ordres : les unes ont pour but de garantir la liberté de l'individu, les autres de surveiller les conditions hygiéniques dans lesquelles sont placés les malades.

Pour les premières, nous avons vu combien il était difficile, surtout dans certaines maisons où les malades sont très-nombreux, de se rendre compte de l'état d'un individu dans une visite relativement courte et faite par un magistrat dont les connaissances en aliénation mentale sont nécessairement restreintes.

Il serait donc utile que le magistrat commis pour l'inspection fût accompagné d'un médecin expert.

Si, dans une visite de cette nature, au lieu de recevoir l'inspecteur au milieu d'une population éparpillée dans les cours, les lieux de réunion, les chambres, on faisait prendre aux malades l'ordre qu'ils ont pendant la visite médicale, le magistrat et l'expert pourraient se rendre plus facilement compte de l'état des aliénés, et faire ce que fait tous les jours le médecin traitant, c'est-à-dire les voir tous. Et cela rendrait la visite d'autant plus facile, que, dans le plus grand nombre des divisions, il n'est besoin que d'un coup d'œil pour être édifié sur l'état mental des malades. De plus, cet ordre épargnerait à l'inspecteur ces inutiles poursuites des individus dont la folie n'est pas douteuse et qui gênent l'inspection par leur acharnement.

Nous savons encore que le magistrat, malgré sa bonne volonté et son amour de la justice, ne peut être certain d'avoir vu tous les aliénés enfermés dans la maison qu'il visite, surtout ceux pour lesquels il vient, c'est-à-dire dont l'état est discutable.

Chaque maison devrait donc tenir constamment à la disposition de l'inspecteur la liste des malades présents ; cet inspecteur pourrait l'emporter dans les divisions, et mettre ses notes en regard du nom de chaque individu. A l'aide de cette liste, il lui serait possible de s'assurer de la présence de tous les aliénés, et l'oubli ou la fraude serait ainsi rendu plus difficile.

Ces visites de l'autorité judiciaire ne sauvegardent efficacement la liberté individuelle qu'à la condition d'être fréquemment répétées. La loi ordonne une visite trimestrielle dans les maisons privées. Cette mesure devrait être étendue à toutes les maisons d'aliénés. Les visites fréquentes et soigneusement faites auraient pour avantage de rassurer le malade, de lui permettre des réclamations écrites, plaintes, requêtes, etc., et enlèveraient au médecin cette responsabilité morale qui le rend souvent si sceptique à l'endroit de la guérison de ses pensionnaires et si craintif quand il faut signer ou demander leur sortie.

Les inspections faites par l'administration sont d'une haute importance, elles protégent la vie matérielle des aliénés. On ne saurait choisir, pour remplir les fonctions d'inspecteur, des hommes trop sévères et trop clairvoyants; car c'est justement ce qu'on cherche à cacher ou à dissimuler qu'ils doivent découvrir. On peut reprocher à ces inspections d'être beaucoup trop rares et, par une étrange singularité, d'être le plus souvent connues à l'avance. Elles n'ont évidemment de valeur qu'à la condition de surprendre, et il y a bien des maisons où, dans ces conditions, elles auraient fort à faire.

Les inspections doivent se multiplier en hiver; c'est dans cette saison que l'aliéné souffre le plus de la privation des soins de la famille; d'ailleurs, c'est à cette époque qu'on juge le mieux de l'insalubrité des lieux habités par le malade.

Enfin l'inspecteur devrait s'assurer du nombre des domestiques commis à la surveillance et à la garde des malades. Cette condition, qui paraît singulière de prime-abord, est d'une grande importance. Toutes les fois que les domestiques sont en nombre insuffisant, les habitudes de brutalité deviennent inévitables. Quand un domestique est seul pour maintenir un malade agité, il est souvent obligé de se défendre, et c'est alors une véritable rixe ; dans ce cas, le malade n'est pas maintenu, mais terrassé, et si dans cette lutte l'infirmier a reçu quelque coup violent, l'aliéné sera pour longtemps en butte à la rancune de son serviteur. Ce n'est qu'à la condition d'avoir un personnel suffisant qu'on peut éviter ces fâcheux excès et ces rancunes de gens sans éducation et d'une nature violente. La direction et le choix de ce personnel est donc chose importante et difficile et ne peut être confiée qu'à un homme énergique, mais intelligent et bon ; cela n'arrive pas toujours : j'ai vu un domestique surveillant donner l'exemple de la brutalité la plus blâmable.

Il y a des gens que ces façons d'agir ne révoltent et ne surprennent même pas. Un jour, je déplorais devant un médecin étranger l'habitude qu'avait prise un domestique de saisir par les cheveux des malades agités dont il voulait se rendre maître ; cet étranger me répliqua avec naïveté : « C'est un très-bon moyen ! » — Un Français, quelque cynique qu'il fût, n'eût jamais osé le dire.

Dans les asiles publics, et surtout en province, où tous les efforts des directeurs tendent vers l'amélioration constante du bien-être, il n'y a à surveiller et à reprendre que des négligences ; mais dans les établissements privés, où la spéculation est le premier mobile, tout est à craindre. Si les maisons privées étaient toutes dirigées comme celle de Passy, comme deux ou trois autres, le rôle d'un inspecteur serait facile ; mais, à côté de celles-là, combien y en a-t-il où tout est mystères, cachoteries, surprises, où l'inspecteur devrait traverser une épaisse muraille de mensonges pour arriver jusqu'à la vérité.

SORTIE.

Si tous les placements d'aliénés dans les maisons spéciales étaient effectués par l'autorité judiciaire, il est évident que la sortie ne pourrait avoir lieu qu'après la levée de l'ordre de séquestration, qui serait donnée immédiatement après la réception du rapport constatant la guérison fait par le médecin traitant. C'est ce qui se pratique aujourd'hui pour les placements d'office.

Mais il y a des cas où le médecin est dans le doute ; il n'ose laisser sortir un malade, quand il craint une rechute, et l'on voit ainsi des individus rester après guérison un temps assez long, très-long même dans des maisons d'aliénés. Il arrive enfin que certains médecins voient de l'aliénation mentale là où d'autres n'en reconnaîtraient pas. Dans ces deux cas, les visites régulières faites par le magistrat et l'expert dans les différentes maisons aura une très-grande importance, non-seulement à l'égard du malade qui pourra être libéré sur le rapport des visiteurs délégués par le tribunal, ou après une seconde expertise médico-légale, s'il y a doute, mais encore à l'égard du médecin dont la responsabilité sera entièrement sauvegardée.

Enfin, ces visiteurs pourront juger et décider sur le rapport du médecin traitant, si un aliéné non guéri peut être rendu à sa famille, et, dans cette circonstance encore, le médecin reste entièrement à couvert et à l'abri de toute récrimination ou reproche.

RESPONSABILITÉ.

S'il est indispensable de chercher à donner toutes les garanties de sécurité à l'individu atteint d'aliénation mentale ou soupçonné tel, il ne l'est pas moins de protéger la société contre les violences et les meurtres que ces malheureux peuvent commettre. Je vois bien à l'art. 479 du Code pénal : « Seront punis d'une amende de onze à quinze francs inclusivement : ceux qui auront occasionné la mort ou la blessure des animaux ou bestiaux appartenant à autrui, par l'effet de la divagation des fous ou furieux. » La société est protégée dans son bétail ; c'est quelque chose ; mais, si la loi protége mon bœuf, mon cheval ou mon chien, pourquoi ne me protége-t-elle pas moi-même? Souvent cependant des accidents désastreux arrivent ; les meurtres commis par les aliénés sont fréquents et presque toujours ils auraient pu être évités. Le plus souvent, il y a de la faute des familles qui, soit par trop grande tendresse, soit par négligence, soit enfin par économie, ne mettent leurs malades dans des maisons de traitement que lorsqu'il leur est absolument impossible de les garder. L'administration elle-même néglige souvent de prendre des précautions contre des malades dont l'aliénation mentale est connue de tous et d'elle-même.

Voici quelques exemples de malheurs irréparables qu'une plus grande sollicitude eût pu empêcher :

« Le 17 janvier 18.., le menuisier Blaich avait coupé la gorge à ses deux enfants légitimes, Paul, âgé de quatre ans, et Charles, âgé d'un an et demi; ceux-ci étaient morts instantanément.

« Ce crime affreux frappa d'étonnement tous ceux qui avaient connu Blaich, car le caractère de celui-ci, sa vie antérieure, son affection pour ses enfants, ne pouvaient le moins du monde faire prévoir un tel acte odieux. Tous les témoins étaient complétement d'accord dans leurs dépositions, qui toutes montraient l'accusé comme un homme tranquille et honnête. Ces dépositions, jointes à mes observations, permirent de porter un jugement psychologique exact sur cette action.

« Blaich était marié depuis cinq ans, il avait eu quatre enfants. Le deuxième était mort bientôt après sa naissance, et le dernier ne vint au monde qu'après son crime. Son mariage fut très-heureux, comme l'affirment sa femme elle-même et tous les témoins. Il chérissait ses deux enfants et avait, selon ce que disait sa femme, fait continuellement tous ses efforts pour rendre sa famille heureuse. Le témoin R. dit que Blaich habillait ses enfants très-proprement, les montrait avec orgueil, et leur achetait souvent des cadeaux, « quoiqu'il n'eût pas beaucoup d'argent. »

« Il existe un certificat de son maître E. qui l'a toujours regardé comme un homme honnête, tranquille, assidu, laborieux, très-moral et digne de toute confiance.

« Le témoin M., qui l'a connu dès son enfance, dit « qu'il aimait trop ses enfants. » Le même témoin ajoute que, dès l'année 1845, il a remarqué un changement singulier dans l'état corporel et mental de l'accusé. Pendant l'été de cette année, dans une dispute à laquelle il ne prenait pas part, il avait reçu par hasard des coups sur la tête.

« Depuis ce moment il se plaignit beaucoup de douleurs, de vertiges, de faiblesse de la tête, et d'après M., il commença à devenir triste et à avoir « des idées fixes. » Il disait surtout avoir *trouvé le mouvement perpétuel ;* il couvait continuellement son idée, dessinait sans cesse sur sa table des dessins qu'il *cachait soigneusement*, et dit un jour à M., qu'il avait enfin trouvé la solution du problème, qu'il aurait les trois tonneaux d'or que l'on avait promis en Angleterre, avec lesquels il bâtirait une nouvelle église dans son pays, etc. Les conseils de ses amis ne pouvaient détourner Blaich de cette idée qui l'occupa continuellement jusque dans les derniers temps; il construisit une machine qui ne le satisfit pas complétement; aussi, il continua ses recherches assidues. Sa femme eut l'idée de brûler sa machine, afin de le détourner de cette préoccupation; mais elle n'obtint pas le résultat qu'elle espérait. M. raconta encore que Blaich avait construit cette machine dans son atelier, et qu'il y travaillait la porte fermée et les fenêtres bouchées.

« Une telle conduite devait étonner ceux qui le connaissaient.

« Le marchand R. assure que Blaich lui avait toujours fait l'impression d'un homme exalté qui croyait beaucoup à son talent et à son habileté, de sorte qu'il avait toujours craint que Blaich ne perdît la tête.

« La veuve S. l'a connu pendant plusieurs

années, toujours mélancolique, et l'a entendu tenir des discours incohérents. Sa femme aussi a remarqué que, depuis son mariage, il ruminait continuellement des idées extravagantes.

« Cette disposition mentale ne pouvait que s'aggraver par la position malheureuse dans laquelle il se trouvait. Gagnant peu, il faisait des dettes et il fallait mettre des objets en gage. Son état mental fut de plus en plus remarqué comme extraordinaire. Dans les derniers huit jours qui ont précédé le crime, il allait çà et là dans son atelier avec inquiétude et n'avançait pas dans son travail ; d'après ce que dit M., il était pâle au point que celui-ci lui conseilla de consulter un médecin.

« Les témoins G. et S. l'ont entendu dans les derniers jours « parler à tort et à travers ; » il fixait longtemps un seul point avec des yeux « hagards. » Sa femme confirme toutes ces dépositions, et ajoute qu'il avait l'haleine courte, le sommeil interrompu, une forte fièvre, des crachements de sang et des douleurs à la poitrine et à la tête. Il avait la figure rouge, parcourait sa chambre avec inquiétude, répondait à peine aux questions, et disait souvent qu'il avait été gravement offensé par ses camarades qui lui avaient torturé l'âme ; et, montrant sa tête, il ajoutait : Il y a là quelque chose que je ne puis pas chasser.

« L'accusé lui-même confirme toutes ces assertions, et raconte que, tourmenté par la chaleur, il n'a pas pu boire assez d'eau, et malgré le froid (janvier), il dit qu'il a couché les fenêtres ouvertes, parce qu'il étouffait toujours; il ajoute qu'il sentait dans sa tête quelque chose qui allait comme une montre. Le menuisier F. l'a vu dans cet état quelques heures avant son crime.

« Il a exécuté ce crime affreux en profitant de l'absence momentanée de sa femme; il plaça les enfants devant lui, leur coupa le cou avec un rasoir, et étendit par terre les deux cadavres, l'un à côté de l'autre. Il dit qu'il ne sait pas pourquoi il a fait cela, mais il ajoute « qu'il n'a pas pu laisser passer les moqueries dont il était l'objet, lui et son père. » Immédiatement après son crime, il essaya de *se couper la gorge*, mais il n'en eut pas la force. Il monta au grenier, tâcha de se tuer avec une hache, mais ne réussit pas, puis il essaya de se pendre, mais on arriva à temps pour le faire revenir d'un commencement d'asphyxie, et il fut transporté à l'hôpital. Quand il fut guéri de ses blessures peu importantes, quatre semaines plus tard, il se plaignit de nouveau de vertiges, bourdonnements d'oreilles, éblouissements, chaleur à la tête, oppression; mais il put, le 14 mars, être renvoyé comme « guéri. » A la confrontation avec les cadavres, nous le vîmes se jeter sur les enfants en s'écriant : « Ah ! mes pauvres enfants ! » Puis sa voix s'éteignit, et il fut tellement ému qu'il fallut attendre longtemps avant d'obtenir une réponse aux questions qu'on lui adressait; il s'écriait : « Ah! qu'ai-je fait, où est resté l'honnête homme d'autrefois? Ah! j'étais si bon et si honnête! » Son émotion augmentant, il fallut interrompre la séance [1]. »

Ce malheureux Blaich était évidemment aliéné depuis longtemps déjà ; son étrangeté, ses mystères, son invention du mouvement perpétuel, ses inquiétudes, sa mélancolie, son exaltation, son incohérence étaient des signes qui marquaient suffisamment un état particulier de l'esprit et devaient éveiller l'inquiétude chez la femme du malade, ou au moins chez ses amis. Mais non, tous vivent tranquilles autour de cet aliéné, et c'est seulement après la catastrophe que l'on commence à comprendre la signification de toutes ces singularités. C'est là un de

1. *Traité de médecine légale*, de Casper, tr. p. G. Baillière, t. I, page 331.

ces exemples d'incurie effroyable. Pas un médecin n'a été appelé, pas un conseil n'a été demandé, et par cette niaise incurie, un malheureux a tué des enfants qu'il adorait. — Quelle sinistre bêtise !...

Voici un second fait qui montre une incurie non moins grande et non moins coupable :

« Le 8 mars 1844, a comparu devant la Cour d'assises des Bouches-du-Rhône un ouvrier boulanger nommé Biscarrat, accusé d'avoir assassiné un de ses camarades dans la journée du 27 novembre 1843. Les discours et la conduite de ce malheureux dans sa prison, son insensibilité après le crime, ayant inspiré à ses juges des doutes sérieux sur l'intégrité de sa raison, M. Aubanel, médecin de l'asile des aliénés de Marseille, fut chargé de l'examiner et de faire un rapport sur son état mental. Les faits nombreux constatés dans ce rapport, publié dans les *Annales médico-psychologiques*, confirment pleinement les soupçons qu'on avait conçus d'abord.

« Biscarrat avait vécu longtemps en Afrique, où il était allé chercher fortune. Il y avait fait un petit commerce qui avait prospéré d'abord ; mais, depuis un an, il était tombé dans la plus affreuse misère, par suite de circonstances très-ordinaires, que dans son désespoir, il attribua au mauvais vouloir d'ennemis cachés et inconnus. Ceux-ci, loin d'être apaisés par sa ruine, s'acharnèrent, dit-il, contre lui et ne lui laissèrent pas un instant de repos. Il ne tarda pas à s'apercevoir qu'ils mettaient du poison dans tous ses aliments, à l'aide de moyens occultes qu'il ne comprenait pas, mais qui, suivant lui, n'en étaient pas moins réels.

« Pour déjouer les projets de ses prétendus ennemis, Biscarrat rentra en France quelques mois avant la perpétration du crime dont il était accusé. Ses persécuteurs l'y suivirent et le forcèrent à changer plusieurs fois de résidence. Avant de venir à Marseille, il fit un séjour de quelques jours à Avignon, pendant lequel il alla porter plainte au procureur du roi de cette ville. Plus tard, ce magistrat écrivait au juge d'instruction de Marseille qu'en effet, plusieurs mois auparavant, Biscarrat était venu se plaindre à lui d'avoir beaucoup d'ennemis et de persécuteurs, et qu'ayant remarqué chez cet ouvrier de l'exaltation et de l'*incohérence* dans les idées, il avait considéré ces prétendues accusations comme le fait d'un dérangement intellectuel. Mais c'est à Marseille surtout que Biscarrat a été tourmenté par ses ennemis imaginaires. Dès les premiers jours de son arrivée, leurs persécutions devinrent si insupportables, qu'il acheta un pistolet avec la résolution d'y mettre un terme par le suicide. Vers la même époque, ce malheureux crut s'apercevoir qu'un jeune ouvrier, boulanger comme lui, et qui lui était jusque-là tout à fait inconnu, était son empoisonneur, ou du moins l'agent de ses ennemis. Celui-ci l'avait rencontré au cabaret et lui avait fait un accueil plein de cordialité auquel il n'avait aucun droit de s'attendre. Ce fut assez pour confirmer tous les soupçons de Biscarrat, et, un jour, étant au cabaret avec lui, il lui déchargea son pistolet dans l'oreille en présence de plus de vingt personnes ; puis il alla tranquillement se livrer à la justice.

« Toute cette histoire était racontée avec un sang-froid imperturbable, on pourrait presque dire avec une rare frachise. Dans les divers interrogatoires qu'on lui fit subir, jamais Biscarrat ne varia dans son dire : dans sa conviction intime, il avait de nombreux ennemis ; l'homme qu'il avait tué était leur agent ; il s'était vengé, lorsqu'il lui avait été démontré qu'il lui était impossible de faire cesser autrement les persécutions auxquelles il se croyait en butte. — Biscarrat fut acquitté à l'unanimité par le jury [1]. »

1. Lisle, *loc. cit.*

L'aliénation datait de loin, comme on le voit ; elle s'était montrée suffisamment pour qu'on prît des mesures protectrices. Il est à remarquer que presque tous les malades frappés d'idées de persécution, qui vont dénoncer leurs ennemis chez les commissaires, chez les magistrats, qui fuient sans cesse devant cette persécution qu'ils portent partout avec eux, deviennent rapidement dangereux, meurtriers. Si le magistrat d'Avignon, à qui Biscarrat était allé dénoncer ses persécuteurs, avait mis à exécution les articles 18 et 19 de la loi du 30 juin 1838, après s'être aperçu de l'exaltation et de l'*incohérence* (signe grave pourtant et qui ne peut laisser de doute); si, tout au moins, il avait fait examiner le plaignant par une personne compétente, il est évident qu'un grand malheur eût été évité. — La bonté et la douceur imprévoyantes de ce magistrat ont causé un meurtre.

Voici enfin un troisième et dernier fait qui, en prouvant le danger de laisser les aliénés en liberté, fait comprendre la prudence excessive que les aliénistes apportent, quand il s'agit de laisser sortir des malades qui ont toutes les apparences de la guérison :

« Le sieur M. P., âgé de trente-deux ans, avait été séquestré pour cause d'aliénation mentale dans l'asile de Pau. Sur les instances de sa mère, il avait été rendu à la liberté et était revenu à Bagnères-de-Bigorre depuis cinq ou six jours seulement.

« Pris hier d'un accès de folie, ce malheureux proféra dans l'après-midi d'horribles menaces contre sa mère, et comme, vers cinq heures, son attitude devenait plus dangereuse, la pauvre femme s'empressa d'aller réclamer l'appui de la police.

« A l'approche des agents envoyés par le commissaire de police, P. s'était barricadé dans l'appartement de la maison qu'il occupait. Il y était armé d'un fusil à deux coups et de deux pistolets, dont l'un à double canon.

« La porte de la chambre ayant été trouvée fermée, les agents descendirent pour aller chercher main-forte. Au moment où l'un d'eux mettait le pied sur le seuil de la porte, P. se plaça à sa fenêtre, lui tira un coup de fusil chargé à plomb, et l'atteignit à la tête et aux épaules.

« Alors commença une scène affreuse. On a vu P. mettre tranquillement le feu à la paillasse de son lit. De temps en temps, il apparaissait à la fenêtre son arme à la main, poussant de grands éclats de rire et mettant en joue la foule qui s'entassait sur la place. Il a même tiré à deux ou trois reprises ; on cite comme ayant été atteints MM. B., D., etc.

« Sur l'avis de M. le sous-préfet et de M. le procureur impérial, le capitaine de gendarmerie a donné l'ordre à ses gendarmes d'emporter d'assaut la maison pour s'assurer de la personne de P., qui continuait à faire feu dans la rue.

« Aussitôt, des gendarmes et quelques citoyens dévoués se sont portés au pas de course vers la maison.

« Le maréchal des logis C. et le sieur L. ayant pénétré les premiers, P. a fait feu deux fois sur eux ; mais, grâce à l'obscurité causée par la fumée, les deux coups n'ont atteint personne.

« Saisi par quatre personnes, P. a eu pourtant encore le temps de décharger presque à bout portant un pistolet chargé à balle sur le sieur L., qui a reçu une blessure grave au bas-ventre, et ce n'est qu'alors qu'on est parvenu à terrasser le malheureux aliéné, qui a été conduit à la maison d'arrêt.

« P., revenu de sa folie furieuse, est, dit-on, au désespoir des actes qu'il a commis.

« Il a refusé de prendre toute nourriture depuis hier[1]. »

1. *Siècle*, 20 décembre 1864.

Voilà un médecin aliéniste qui a dû se reprocher amèrement d'avoir laissé sortir le sieur P., et pourtant il n'y avait aucunement de sa faute. Doit-on être surpris qu'il soit maintenant d'une prudence méticuleuse? — Si, dans ce cas, la sortie avait été signée par le tribunal, sur la demande des visiteurs délégués, le médecin eût été à l'abri de toute récrimination ou remords. D'ailleurs, il est plus que probable que l'accès n'a pas fait irruption sans prodromes; la veille, l'avant-veille même, ce maniaque avait changé d'allures, et les gens qui l'approchaient devaient reconnaître les signes qui avaient précédé les accès antérieurs. La crainte de voir séquestrer de nouveau son fils a probablement fermé la bouche à la mère; un grand malheur eût été évité, si la malheureuse femme n'eût pas écouté les conseils imprudents que lui dictait sa tendresse maternelle.

Ces terribles accidents, qui arrivent soit par l'incurie, soit par la mauvaise volonté, ne peuvent être diminués que par la responsabilité des gens commis naturellement à la garde du malade. Quand un domestique, un cheval, ou un chien cause un dommage à autrui, le maître est responsable, et le parent ou le gardien d'un fou qui tue ne le serait pas ?

On a prétendu, contre l'intervention de l'autorité judiciaire dans la séquestration, que les difficultés et les démarches que nécessiterait ce mode de placement feraient reculer beaucoup de familles qui préféreraient garder leurs malades plutôt que de se soumettre à des formalités ennuyeuses. Ces formalités sont bien simples; mais admettons cependant qu'elles puissent répugner à certaines personnes. Le moyen sûr d'empêcher cette mauvaise volonté sera la responsabilité des gens qui entourent l'aliéné. Après quelques exemples, on saura prendre le chemin de l'hospice où le malade doit être examiné. Ainsi la société, après avoir donné toutes les garanties de sécurité à ceux de ses membres qui deviennent inconscients et irresponsables, saura se protéger contre leurs violences et leurs crimes involontaires.

En un mot et pour conclure, je demande une plus grande garantie de la liberté individuelle. Une loi plus serrée, en protégeant plus efficacement le citoyen, déchargera le médecin de la responsabilité si pesante qui lui incombe aujourd'hui. Les hommes sincères, honnêtes et prudents seront de mon avis.

PROJET DE LOI

Présenté à la Chambre des Députés, le 6 janvier 1837.

Art. 1er.—Nul individu atteint d'imbécillité, de démence ou de fureur, dont l'interdiction n'aura pas été prononcée, ne pourra, sous les peines portées par l'art. 120 du Code pénal, être placé ou retenu dans aucun hospice ou autre établissement public ou privé affecté au traitement de l'aliénation mentale, qu'en vertu d'une autorisation ou d'un ordre du Préfet.

Art. 2.—L'autorisation sera délivrée sur la demande des parents ou de l'époux.

Elle le sera sur la demande de l'autorité militaire pour les militaires.

Le placement, soit avant, soit après l'interdiction, pourra être ordonné d'office par le Préfet, lorsqu'il sera motivé par l'intérêt de la sûreté publique.

L'autorisation ou l'ordre sera donné par le Préfet sur les rapports du Maire ou du Sous-Préfet, et sur l'avis d'une Commission instituée dans les formes qui seront déterminées par un règlement d'administration publique.

Art. 3.—En cas de danger imminent, attesté par le certificat d'un médecin ou par la notoriété publique, le Maire pourra ordonner, à l'égard des individus désignés dans l'art. 1er, les mesures provisoires qui seraient nécessaires, sauf à en référer dans les vingt-quatre heures au Préfet, qui statuera sans délai dans les formes indiquées par l'art. précédent.

Art. 4. Tout individu placé en vertu des articles précédents dans les établissements qui y sont désignés n'y sera plus retenu dès que les causes du placement auront cessé.

Aussitôt que les médecins estimeront que la sortie peut être ordonnée, il en sera référé par les directeurs et administrateurs au Préfet, qui statuera immédiatement après avoir pris l'avis de la Commission instituée en vertu de l'art. 2. Les causes du placement seront de droit considérées comme ayant cessé :

1° Si depuis le placement un jugement rendu sur la demande d'un individu ou de sa famille, ou sur la provocation du Procureur du Roi, a prononcé qu'il n'y a lieu ni à l'interdiction, ni à l'administration provisoire ;

2° Si le temps pour lequel l'autorisation ou l'ordre ont été délivrés s'est écoulé sans qu'ils aient été renouvelés ou sans qu'il soit intervenu aucun jugement prononçant soit l'interdiction, soit l'administration provisoire.

Aucune autorisation ni aucun ordre ne pourront avoir d'effet pendant plus de six mois, ni être renouvelés plus de trois fois.

Art. 5. — Toute autorisation ou ordre, délivrés en vertu des articles 1er et 2, sont, dans les trois jours, notifiés administrativement par le Préfet :

1° Au procureur du Roi de l'arrondissement du domicile de la personne indiquée dans l'ordre ;

2° A celui de l'arrondissement où est situé l'établissement ;

3° A la Commission formée en exécution de l'art. 2.

Art. 6. — Indépendamment des cas prévus par l'art. 491 du Code civil, le Procureur du Roi, sur la demande du Préfet, provoquera l'interdiction de tout individu placé, en vertu d'un ordre délivré d'office, dans un établissement d'aliénés, comme atteint d'imbécillité, de démence ou de fureur.

Les frais de cette procédure seront avancés par l'administration de l'enregistrement, sur le pied du tarif fixé par le décret du 18 juin 1811 et les actes auxquels cette procédure donnera lieu seront visés pour timbre et enregistrés en débet, conformément aux lois des 13 brumaire et 22 frimaire an VII.

Si l'interdit, ses père, mère, époux ou épouse, sont dans un état d'indigence dûment constaté par certificat du

Maire, visé et approuvé par le Sous-Préfet et par le Préfet, il ne sera passé en taxes que les salaires des huissiers et l'indemnité due aux témoins non parents ni alliés de l'interdit.

Art. 7. Tous les établissements publics et privés où sont reçus les aliénés sont placés sous la surveillance de l'autorité administrative; les Préfets, les Procureurs du Roi et ceux des membres de la Commission instituée par l'art. 2 de la présente loi, qui seraient délégués par les Préfets, doivent être admis à les inspecter toutes les fois qu'ils s'y présentent.

Art. 8.—Aucun établissement destiné au traitement de l'aliénation mentale ne pourra se former sans l'autorisation du gouvernement. Aucun établissement consacré au traitement des diverses maladies ne pourra recevoir des individus atteints d'imbécillité, de démence ou de fureur, s'il n'a été préalablement autorisé par le gouvernement à traiter cette espèce de maladie.

Art. 9.—Les hospices et autres établissements publics, désignés en l'art. 1er, sont tenus de recevoir les individus qui leur sont adressés, en vertu d'un ordre de placement délivré conformément aux art. 1er, 2 et 3 de la présente loi.

Art. 10.—Il sera tenu, dans chacun des établissements désignés par la présente loi, un registre spécial indiquant les noms et domiciles des individus placés en vertu de la présente loi, l'ordre d'admission, l'époque de l'entrée et celle de la sortie.

Art. 11. Des règlements d'administration publique détermineront les conditions auxquelles seront accordées les autorisations énoncées dans l'art. 9, les cas où elles pourront être retirées, et les obligations auxquelles seront soumis les établissements autorisés.

Art. 12. —Les contraventions aux dispositions des art. 8 et 10 de la présente loi, et aux règlements rendus en vertu de l'article précédent, seront punis d'un emprisonnement d'un an et d'une amende de 50 à 3,000 fr.

Il pourra toujours être fait application de l'art. 463 du Code pénal.

Art. 13.—La dépense de l'entretien, du séjour et du traitement des individus placés en vertu de l'art. 9 de la présente loi dans les établissements désignés par cet article, leur sera personnelle; à défaut, à la charge de ceux auxquels il peut être demandé des aliments, aux termes des art. 205 et suivants du Code civil.

Cette dépense sera fixée d'après un tarif réglé par le Préfet.

Le recouvrement sera poursuivi et opéré à la diligence de l'administration de l'enregistrement.

Art. 14.—A défaut ou en cas d'insuffisance des ressources énoncées dans l'article précédent, il sera pourvu à cette dépense sur les centimes variables du département, sans préjudice du concours de la commune du domicile des aliénés et des hospices, d'après les bases proposées par le Conseil général sur l'avis des Préfets, et approuvées par le Gouvernement.

LOI DE 1838 SUR LES ALIÉNÉS

TITRE Ier.

DES ÉTABLISSEMENTS D'ALIÉNÉS.

Article 1er.—Chaque département est tenu d'avoir un établissement public, spécialement destiné à recevoir et soigner les aliénés, ou de traiter, à cet effet, avec un établissement public ou privé, soit de ce département, soit d'un autre département.

Les traités passés avec les établissements publics ou privés devront être approuvés par le Ministre de l'intérieur.

Art. 2. — Les établissements publics consacrés aux aliénés sont placés sous la direction de l'autorité publique.

Art. 3.—Les établissements privés consacrés aux aliénés sont placés sous la surveillance de l'autorité publique.

Art. 4. — Le préfet et les personnes spécialement déléguées à cet effet par lui ou par le ministre de l'intérieur, le président du Tribunal, le procureur du roi, le juge de paix, le maire de la commune, sont chargés de visiter les établissements publics ou privés consacrés aux aliénés.

Ils recevront les réclamations des personnes qui y seront placées, et prendront, à leur égard, tous renseignements propres à faire connaître leur position.

Les établissements privés seront visités, à des jours indéterminés, une fois au moins chaque trimestre, par le procureur du roi de l'arrondissement.

Les établissements publics le seront de la même manière, une fois au moins par semestre.

Art. 5. — Nul ne pourra diriger ni former un établissement privé consacré aux aliénés sans l'autorisation du gouvernement.

Les établissements privés consacrés au traitement d'autres maladies ne pourront recevoir les personnes atteintes d'aliénation mentale, à moins qu'elles ne soient placées dans un local entièrement séparé.

Ces établissements devront être, à cet effet, spécialement autorisés par le gouvernement, et seront soumis, en ce qui concerne les aliénés, à toutes les obligations prescrites par la présente loi.

Art. 6. — Des règlements d'administration publique détermineront les conditions auxquelles seront accordées les autorisations énoncées en l'art. précédent, les cas où elles pourront être retirées, et les obligations auxquelles seront soumis les établissements autorisés.

Art. 7. — Les règlements intérieurs des établissements publics consacrés, en tout ou en partie, au service des aliénés, seront, dans les dispositions relatives à ce service, soumis à l'approbation du ministre de l'intérieur.

TITRE II.

DES PLACEMENTS FAITS DANS LES ÉTABLISSEMENTS D'ALIÉNÉS.

Section Ire. — Des placements volontaires.

Art. 8. — Les chefs ou préposés responsables des établissements publics et les directeurs des établissements privés et consacrés aux aliénés, ne pourront recevoir une personne atteinte d'aliénation mentale, s'il ne leur est remis :

1° Une demande d'admission contenant les noms, profession, âge et domicile, tant de la personne qui la formera que de celle dont le placement sera réclamé, et l'indication du degré de parenté ou, à défaut, de la nature des relations qui existent entre elles.

La demande sera écrite et signée par celui qui la formera, et, s'il ne sait pas écrire, elle sera reçue par le maire ou le commissaire de police, qui en donnera acte.

Les chefs, préposés ou directeurs, devront s'assurer, sous leur responsabilité, de l'individualité de la personne qui aura formé la demande, lorsque cette demande n'aura pas été reçue par le maire ou le commissaire de police.

Si la demande d'admission est formée par le tuteur d'un interdit, il devra fournir, à l'appui, un extrait du jugement d'interdiction.

2° Un certificat de médecin constatant l'état mental de la personne à placer, et indiquant les particularités de sa maladie et la nécessité de faire traiter la personne désignée dans un établissement d'aliénés et de l'y tenir renfermée.

Ce certificat ne pourra être admis, s'il a été délivré plus de quinze jours avant sa remise au chef ou directeur, s'il est signé d'un médecin attaché à l'établissement, ou si le médecin signataire est parent ou allié, au second degré inclusivement, des chefs ou propriétaires de l'établissement, ou de la personne qui fera effectuer le placement.

En cas d'urgence, les chefs des établissements publics pourront se dispenser d'exiger le certificat du médecin.

3° Le passe-port ou toute autre pièce propre à constater l'individualité de la personne à placer.

Il sera fait mention de toutes les pièces produites dans un bulletin d'entrée, qui sera renvoyé, dans les vingt-quatre heures, avec un certificat du médecin de l'établissement, et la copie de celui ci-dessus mentionné, au préfet de police à Paris, au préfet ou au sous-préfet dans les communes, chefs-lieux de département ou d'arrondissement, et aux maires dans les autres communes. Le sous-préfet ou le maire en fera immédiatement l'envoi au préfet.

Art. 9. — Si le placement est fait dans un établissement privé, le préfet, dans les trois jours de la réception du bulletin, chargera un ou plusieurs hommes de l'art de visiter la personne désignée dans ce bulletin, à l'effet de constater son état mental et d'en faire rapport sur-le-champ. Il pourra leur adjoindre telle autre personne qu'il désignera.

Art. 10. — Dans le même délai, le préfet notifiera administrativement les noms, profession et domicile, tant de la personne placée que de celle qui aura demandé le placement, et les causes du placement: 1o au procureur du roi de l'arrondissement du domicile de la personne placée; 2o au procureur du roi de l'arrondissement de la situation de l'établissement: ces dispositiens seront communes aux établissements publics et privés.

Art. 11. — Quinze jours après le placement d'une personne dans un établissemt public ou privé, il sera adressé au préfet conformément au dernier paragraphe de l'article 8, un nouveau certificat du médecin de l'établissement; ce certificat confirmera ou rectifiera, s'il y a lieu, les observations contenues dans le premier certificat, en indiquant le retour plus ou moins fréquent des accès ou des actes de démence.

Art. 12. — Il y aura, dans chaque établissement, un registre coté et parafé par le maire, sur lequel seront immédiatement inscrits les noms, profession, âge et domicile des personnes placées dans les établissements, la mention du jugement d'interdiction, si elle a été prononcée, et le nom de leur tuteur; la date de leur placement, les noms, profession et demeure de la personne, parente ou non parente, qui l'aura demandé. Seront également transcrits sur ce registre : 1o le certificat du médecin, joint à la demande d'admission; 2o ceux que le médecin de l'établissement devra adresser à l'autorité, conformément aux articles 8 et 11.

Le médecin sera tenu de consigner sur ce registre, au moins tous les mois, les changements survenus dans l'état mental de chaque malade. Ce registre constatera également les sorties et les décès.

Ce registre sera soumis aux personnes qui, d'après l'article 4, auront le droit de visiter l'établissement, lorsqu'elles se présenteront pour en faire la visite; après l'avoir terminée, elles apposeront sur le registre leur visa, leur signature et leurs observations, s'il y a lieu.

Art. 13. — Toute personne placée dans un établissement d'aliénés cessera d'y être retenue aussitôt que les médecins de l'établissement auront déclaré, sur le registre énoncé en l'article précédent, que la guérison est obtenue.

S'il s'agit d'un mineur ou d'un interdit, il sera donné immédiatement avis de la déclaration des médecins aux personnes auxquelles il devra être remis, et au procureur du roi.

Art. 14. — Avant même que les médecins aient déclaré la guérison, toute personne placée dans un établissement d'aliénés cessera également d'y être retenue, dès que la sortie sera requise par l'une des personnes ci-après désignées, savoir :

1° Le curateur nommé en exécution de l'art. 38 de la présente loi;

2° L'époux ou l'épouse;

3° S'il n'y a pas d'époux ou d'épouse, les ascendants;

4° S'il n'y a pas d'ascendants, les descendants ;

5° La personne qui aura signé la demande d'admission, à moins qu'un parent n'ait déclaré s'opposer à ce qu'elle use de cette faculté sans l'assentiment du conseil de famille;

6° Toute personne à ce autorisée par le conseil de famille.

S'il résulte d'une opposition notifiée au chef de l'établissement par un ayant droit qu'il y a dissentiment, soit entre les ascendants, soit entre les descendants, le conseil de famille prononcera.

Néanmoins, si le médecin de l'établissement est d'avis que l'état mental du malade pourrait compromettre l'ordre public ou la sûreté des personnes, il en sera donné préalablement connaissance au maire, qui pourra ordonner immédiatement un sursis provisoire à la sortie, à la charge d'en référer, dans les vingt-quatre heures, au préfet. Ce sursis provisoire cessera de plein droit à l'expiration de la quinzaine, si le préfet n'a pas, dans ce délai, donné d'ordres contraires, conformément à l'art. 21 ci-après. L'ordre du maire sera transcrit sur le registre tenu en exécution de l'art. 12.

En cas de minorité ou d'interdiction, le tuteur pourra seul requérir la sortie.

Art. 15. — Dans les vingt-quatre heures de la sortie, les chefs, préposés ou directeurs en donneront avis aux fonctionnaires désignés dans le dernier paragraphe de l'art. 8, et leur feront connaître le nom et la résidence des personnes qui auront retiré le malade, son état mental au moment de sa sortie, et, autant que possible, l'indication du lieu où il aura été conduit.

Art. 16. — Le préfet pourra toujours ordonner la sortie immédiate des personnes placées volontairement dans les établissements d'aliénés.

Art. 17. — En aucun cas, l'interdit ne pourra être remis qu'à son tuteur, et le mineur, qu'à ceux sous l'autorité desquels il est placé par la loi.

Section II. — Des placements ordonnés par l'autorité publique.

Art. 18. — A Paris, le préfet de police, et, dans les départements, les préfets, ordonneront d'office le placement, dans un établissement d'aliénés, de toute personne interdite ou non interdite, dont l'état d'aliénation compromettrait l'ordre public ou la sûreté des personnes.

Les ordres des préfets seront motivés et devront énoncer les circonstances qui les auront rendus nécessaires. Ces ordres, ainsi que ceux qui seront donnés conformément aux art. 19, 20, 21 et 23, seront inscrits sur un registre semblable à celui qui est prescrit par l'art. 12 ci-dessus, dont toutes les dispositions seront applicables aux individus placés d'office.

Art. 19. — En cas de danger imminent, attesté par le certificat d'un médecin ou par la notoriété publique, les commissaires de police à Paris, et les maires dans les autres communes, ordonneront, à l'égard des personnes atteintes d'aliénation mentale, toutes les mesures provisoires nécessaires, à la charge d'en référer dans les vingt-quatre heures au préfet, qui statuera sans délai.

Art. 20. — Les chefs, directeurs ou préposés responsables des établissements, seront tenus d'adresser aux préfets, dans le premier mois de chaque semestre, un rapport rédigé par le médecin de l'établissement sur l'état de chaque personne qui y sera retenue, sur la nature de sa maladie et les résultats du traitement.

Le préfet prononcera sur chacune individuellement, ordonnera sa maintenue dans l'établissement ou sa sortie.

Art. 21. — A l'égard des personnes dont le placement aura été volontaire, et dans le cas où leur état mental pourrait compromettre l'ordre public ou la sûreté des personnes, le préfet pourra, dans les formes tracées par le deuxième paragraphe de l'art. 18, décerner un ordre spécial, à l'effet d'empêcher qu'elles ne sortent de l'établissement sans son autorisation, si ce n'est pour être placées dans un autre établissement.

Les chefs, directeurs ou préposés responsables, seront tenus de se conformer à cet ordre.

Art. 22. — Les procureurs du roi seront informés de tous les ordres donnés en vertu des art. 18, 19, 20 et 21.

Ces ordres seront notifiés au maire du domicile des personnes soumises au placement, qui en donnera immédiatement avis aux familles.

Il en sera rendu compte au ministre de l'intérieur.

Les diverses notifications prescrites par le présent article seront faites dans les formes et délais énoncés en l'art. 10.

Art. 23. — Si, dans l'intervalle qui s'écoulera entre les rapports ordonnés par l'art. 20, les médecins déclarent, sur le registre tenu en exécution de l'art. 12, que la sortie peut être ordonnée, les chefs, directeurs ou préposés responsables des établissements, seront tenus, sous peine d'être poursuivis, conformément à l'art. 30 ci-après, d'en référer aussitôt au préfet qui statuera sans délai.

Art. 24. — Les hospices et hôpitaux civils seront tenus de recevoir provisoirement les personnes qui leur seront adressées en vertu des art. 18 et 19, jusqu'à ce qu'elles soient dirigées sur l'établissement spécial destiné à les recevoir, aux termes de l'art. 1er, ou pendant le trajet qu'elles feront pour s'y rendre.

Dans toutes les communes où il existe des hospices ou hôpitaux, les aliénés ne pourront être déposés ailleurs que dans ces hospices ou hôpitaux. Dans les lieux où il n'en existe pas, les maires devront pourvoir à leur logement, soit dans une hôtellerie, soit dans un local loué à cet effet.

Dans aucun cas, les aliénés ne pourront être ni conduits avec les condamnés ou les prévenus, ni déposés dans une prison.

Ces dispositions sont applicables à tous les aliénés dirigés par l'Administration sur un établissement public ou privé.

Section III. — Dépenses du service des aliénés.

Art. 25. — Les aliénés dont le placement aura été ordonné par le préfet, et dont les familles n'auront pas demandé l'admission dans un établissement privé, seront conduits dans l'établissement appartenant au département, ou avec lequel il aura traité.

Les aliénés dont l'état mental ne compromettrait point l'ordre public ou la sûreté des personnes y seront également admis, dans les formes, dans les circonstances et aux conditions qui seront réglées par le Conseil général, sur la proposition du préfet, et approuvées par le ministre.

Art. 26. —La dépense du transport des personnes dirigées par l'Administration sur les établissements d'aliénés sera arrêtée par le préfet sur le mémoire des agents préposés à ce transport.

La dépense de l'entretien, du séjour et du traitement des personnes placées dans les hospices ou établissements publics d'aliénés sera réglée d'après un tarif arrêté par le préfet.

La dépense de l'entretien, du séjour et du traitement des personnes placées par les départements dans les établissements privés sera fixée par les traités passés par le département, conformément à l'article 1er.

Art. 27.—Les dépenses énoncées en l'article précédent seront à la charge des personnes placées; à défaut, à la charge de ceux auxquels il peut être demandé des aliments, aux termes des articles 205 et suivants du Code civil.

S'il y a contestation sur l'obligation de fournir des aliments, ou sur leur quotité, il sera statué par le Tribunal compétent, à la diligence de l'administrateur désigné en exécution des articles 31 et 2332.

Le recouvrement des sommes dues sera poursuivi et

opéré à la diligence de l'administration de l'enregistrement et des domaines.

Art. 28.—A défaut, ou en cas d'insuffisance des ressources énoncées en l'article précédent, il y sera pourvu sur les centimes affectés, par la loi des finances, aux dépenses ordinaires du département auquel l'aliéné appartient, sans préjudice du concours de la commune du domicile de l'aliéné, d'après les bases proposées par le Conseil général sur l'avis du Préfet, et approuvées par le gouvernement.

Les hospices seront tenus à une indemnité proportionnée au nombre des aliénés dont le traitement ou l'entretien était à leur charge, et qui seraient placés dans un établissement spécial d'aliénés.

En cas de contestation, il sera statué par le conseil de préfecture.

Section IV.—Dispositions communes à toutes les personnes placées dans les établissements d'aliénés.

Art. 29.—Toute personne placée ou retenue dans un établissement d'aliénés, son tuteur, si elle est mineure, son curateur, tout parent ou ami, pourront, à quelque époque que ce soit, se pourvoir devant le Tribunal du lieu de la situation de l'établissement, qui, après les vérifications nécessaires, ordonnera, s'il y a lieu, la sortie immédiate.

Les personnes qui auront demandé le placement, et le procureur du roi, d'office, pourront se pourvoir aux mêmes fins.

Dans le cas d'interdiction, cette demande ne pourra être formée que par le tuteur de l'interdit.

La décision sera rendue, sur simple requête, en Chambre du conseil et sans délai; elle ne sera point motivée.

La requête, le jugement et les autres actes auxquels la réclamation pourrait donner lieu, seront visés pour timbre et enregistrés en débet.

Aucunes requêtes, aucunes réclamations adressées, soit à l'autorité judiciaire, soit à l'autorité administrative, ne pourront être supprimées ou retenues par les chefs d'établissements, sous les peines portées au titre III ci-après.

Art. 30. — Les chefs, directeurs ou préposés responsables, ne pourront, sous les peines portées par l'article 120 du Code pénal, retenir une personne placée dans un établissement d'aliénés, dès que sa sortie aura été ordonnée par le préfet, aux termes des articles 16, 20 et 23 ou par le Tribunal, aux termes de l'article 29, ni lorsque cette personne se trouvera dans les cas énoncés aux articles 13 et 14.

Art. 31,—Les Commissions administratives ou de surveillance des hospices ou établissements publics d'aliénés exerceront, à l'égard des personnes non interdites qui y seront placées, les fonctions d'administrateurs provisoires. Elles désigneront un de leurs membres pour les remplir : l'administrateur, ainsi désigné, procédera au recouvrement des sommes dues à la personne placée dans l'établissement, et à l'acquittement de ses dettes ; passera des baux qui ne pourront excéder trois ans, et pourra même, en vertu d'une autorisation spéciale accordée par le président du Tribunal civil, faire vendre le mobilier.

Les sommes provenant, soit de la vente, soit des autres recouvrements, seront versées directement dans la caisse de l'établissement, et seront employées, s'il y a lieu, au profit de la personne placée dans l'établissement.

Le cautionnement du receveur sera affecté à la garanti desdits deniers, par privilége aux créances de toute autr nature.

Néanmoins les parents, l'époux ou l'épouse des personnes placées dans des établissements d'aliénés dirigés ou surveillés par des commissions administratives, ces commissions elles-mêmes, ainsi que le procureur du roi, pourront toujours recourir aux dispositions des articles suivants.

Art. 32.—Sur la demande des parents, de l'époux ou de l'épouse, sur celle de la commission administrative ou sur la provocation, d'office, du procureur du roi, le tribunal civil du lieu du domicile pourra, conformément à l'art. 497 du Code civil, nommer, en chambre du Conseil, un administrateur provisoire aux biens de toute personne interdite placée dans un établissement d'aliénés. Cette nomination n'aura lieu qu'après délibération du conseil de famille, et sur les conclusions du procureur du roi. Elle ne sera pas sujette à l'appel.

Art. 33. — Le tribunal, sur la demande de l'administrateur provisoire, ou à la diligence du procureur du roi, désignera un mandataire spécial, à l'effet de représenter en justice tout individunon interdit et placé ou retenu dans un établissement d'aliénés, qui serait engagé dans une contestation judiciaire au moment du placement, ou contre lequel une action serait intentée postérieurement.

Le tribunal pourra aussi, dans le cas d'urgence, désigner un mandataire spécial à l'effet d'intenter, au nom des mêmes individus, une action mobilière ou immobilière.

L'administrateur provisoire pourra, dans les deux cas, être désigné pour mandataire spécial.

Art. 34. — Les dispositions du Code civil, sur les causes qui dispensent de la tutelle, sur les incapacités, les exclusions ou les destitutions des tuteurs, sont applicables aux administrateurs provisoires nommés par le tribunal.

Sur la demande des parties intéressées, ou sur celle du procureur du roi, le jugement qui nommera l'administrateur provisoire pourra en même temps constituer sur ses biens une hypothèque générale ou spéciale, jusqu'à concurrence d'une somme déterminée par ledit jugement.

Le procureur du roi devra, dans le délai de quinzaine, faire inscrire cette hypothèque au bureau de la conservation: elle ne datera que du jour de l'inscription.

Art. 35. — Dans le cas où un administrateur provisoire aura été nommé par jugement, les significations à faire à la personne placée dans un établissement d'aliénés seront faites à cet administrateur. Les significations faites au domicile pourront, suivant les circonstances, être annulées par les tribunaux.

Il n'est point dérogé aux dispositions de l'art. 173 du Code de commerce.

Art. 36. — A défaut d'administrateur provisoire, le président, à la requête de la partie la plus diligente, commettra un notaire pour représenter les personnes non interdites placées dans les établissements d'aliénés, dans les inventaires, comptes, partages et liquidations dans lesquelles elles seraient intéressées.

Art. 37. — Les pouvoirs conférés en vertu des articles précédents cesseront de plein droit dès que la personne placée dans un établissement d'aliénés n'y sera plus retenue.

Les pouvoirs conférés par le tribunal en vertu de l'article 32 cesseront de plein droit à l'expiration d'un délai de trois ans : ils pourront être renouvelés.

Cette disposition n'est pas applicable aux administrateurs provisoires qui seront donnés aux personnes entretenues par l'Administration dans des établissements privés.

Art. 38.—Sur la demande de l'intéressé, ou l'un de ses parents, de l'époux ou de l'épouse, d'un ami, ou sur la provocation d'office du procureur du roi, le tribunal pourra nommer en chambre de Conseil, par jugement non susceptible d'appel, en outre de l'administrateur provisoire, un curateur à la personne de tout individu non interdit placé dans un établissement d'aliénés, lequel devra veiller : 1° à ce que ses revenus soient employés à adoucir son sort et à accélérer sa guérison ; 2° à ce que ledit individu soit rendu au libre exercice de ses droits aussitôt que sa situation le permettra.

Ce curateur ne pourra pas être choisi parmi les héritiers présomptifs de la personne placée dans un établissement d'aliénés.

Art. 39. — Les actes faits par une personne placée dans un établissement d'aliénés, pendant le temps qu'elle y aura été retenue, sans que son interdiction ait été prononcée ni provoquée, pourront être attaqués pour cause de démence, conformément à l'art. 1304 du Code civil.

Les dix ans de l'action en nullité courront, à l'égard de la personne retenue qui aura souscrit les actes, à dater de la signification qui lui en aura été faite, ou de la connaissance qu'elle en aura eue après sa sortie définitive de la maison d'aliénés;

Et, à l'égard de ses héritiers, à dater de la signification qui leur en aura été faite, ou de la connaissance qu'ils en auront eue, depuis la mort de leur auteur.

Lorsque les dix ans auront commencé de courir contre celui-ci, ils continueront de courir contre les héritiers.

Art. 40.—Le ministère public sera entendu dans toutes les affaires qui intéresseront les personnes placées dans un établissement d'aliénés, lors même qu'elles ne seraient pas interdites.

TITRE III.

DISPOSITIONS GÉNÉRALES.

Art. 41. — Les contraventions aux dispositions des articles 5, 8, 11, 12 du second paragraphe de l'art. 13; des art. 15, 17, 20, 21, et du dernier paragraphe de l'art. 6, qui seront commises par les chefs, directeurs ou préposés responsables des établissements publics ou privés d'aliénés, et par des médecins employés dans ces établissements, seront punis d'un emprisonnement de cinq jours à un an, et d'une amende de cinquante francs à trois mille francs, ou de l'une ou de l'autre de ces peines.

Il pourra être fait application de l'article 463 du Code pénal.

LOI PRUSSIENNE

MALADIES MENTALES

Législation. — *Allgem. Landrecht*, vol. I, tit. 3, § 3. Celui qui n'a pas la faculté d'agir librement, n'est pas engagé par les lois.

Ibid., *ibid.*, § 7. Lorsqu'une action a été commise par quelqu'un sain d'esprit, celui-ci est responsable des suites immédiates.

Ibid., *ibid.*, § 8. Il en est de même pour les suites médiates, autant qu'il a pu les prévoir.

Ibid., *ibid.*, § 14. Le degré de responsabilité pour les suites tant immédiates que médiates doit être réglé sur le degré de liberté de celui qui a agi.

Ibid., *ibid.*, § 24. Quant à la responsabilité d'un homme sain d'esprit, on ne prendra pas en considération les conditions de l'individualité.

Ibid., *ibid.*, § 25. Seulement pour les crimes et les contrats qui supposent une confiance spéciale entre les parties contractantes, le degré de responsabilité se réglera sur les qualités personnelles de l'individu.

Code civil rhénan, art. 901. Pour faire une donation entre-vifs ou un testament, il faut être sain d'esprit.

Allg. L. R., vol. I, tit. 1, § 27. Ceux qui sont privés complétement de l'usage de leur raison sont nommés en sens légal : furieux (*Rasende*) ou déments (*Wahnsinnige*).

Ibid., *ibid.*, § 28. Ceux qui sont privés de la faculté de réfléchir sur les conséquences de leurs actions, sont nommés en sens légal : imbéciles (*Blodsinnige*).

Ibid., *ibid.*, § 29. Quant aux droits dépendant de l'âge, les furieux et les déments sont regardés comme des enfants au-dessous de sept ans accomplis, les imbéciles, comme des mineurs âgés de moins de quatorze ans.

Ibid., vol. II, tit. 18, § 12. Les furieux ou déments qui ne sont pas sous la surveillance d'un père ou d'un mari doivent être placés sous tutelle.

Ibid., § 13. Pour constater qu'un individu est furieux, ou dément, ou imbécile, il faut une exploration médicale faite par des experts en présence d'un juge.

Ibid., *ibid.*, § 34. Les furieux, ou déments, ou imbéciles, doivent être mis sous une surveillance continuelle, afin qu'ils ne puissent faire aucun dommage ni à eux-mêmes ni à autrui.

Ibid., vol. I, tit. 12, § 21. Tout individu mis sous tutelle à cause de fureur, démence ou imbécillité, est incapable de contracter par testament pendant la durée de la tutelle.

Code civil rhénan, art. 174. L'état de démence du futur époux peut être invoqué comme obstacle au mariage, devant les tribunaux.

Allg. L. R. vol. II, tit. 18, § 815. La tutelle imposée aux furieux, déments, imbéciles, doit être levée, s'ils parviennent à avoir l'usage complet de leur esprit.

Ibid., *ibid.*, § 816. La mission du tribunal est alors d'explorer si cet état existe ou non. Pour cette exploration, outre le tuteur, le tribunal doit appeler l'assistance d'un expert.

Code de procédure criminelle, § 279. La moralité et la vie antérieure d'un prévenu augmentent ou diminuent ordinairement la valeur des indices trouvés, et aident à juger le degré de la responsabilité ; voilà pourquoi elles doivent être recherchées.

Code pénal prussien, § 40. Il n'y a ni crime ni délit, lorsque le prévenu était en état de démence, imbécillité ou fureur au temps de l'action, ou lorsqu'il a été contraint par une force ou par des menaces auxquelles il n'a pu résister.

Ibid., *ibid.*, § 42. Lorsque l'accusé aura moins de seize ans, s'il est décidé qu'il a agi sans discernement, il sera acquitté, etc.

Ibid., *ibid.*, § 43. S'il est décidé qu'il a agi avec discernement, les peines seront prononcées ainsi qu'il suit, etc.

Loi du 3 mai 1852, art. 81.... Parmi les questions qui doivent être décidées par le jury se trouve celle de la responsabilité.

§ 3. — PROCÉDÉS DE L'EXPLORATION

LÉGISLATION. — *Code de procédure criminelle*, § 280. — Le juge doit sans cesse avoir égard à l'état de l'esprit d'un prévenu et regarder spécialement si le criminel a agi avec pleine conscience. S'il trouve les indices d'une aliénation ou d'une faiblesse d'esprit, il doit avoir soin d'explorer *avec l'assistance d'un expert* l'état mental du prévenu. Ce sera la mission de l'expert de donner son avis sur la cause du dérangement mental et sur son origine probable.

Code de procédure civile, tit. 18. — (Dans toute poursuite d'interdiction pour imbécillité, démence ou fureur)... § 6. Le juge ordonnera une exploration de l'état de la personne dont l'interdiction est demandée ; cette exploration devra être faite par *deux experts*, en présence du curateur et des parents. Les deux experts seront désignés, l'un par le curateur, l'autre par les parents.

Ibid., *ibid.*, § 7. — Lorsque le curateur, les parents et les experts ne sont pas d'accord, l'unanimité des avis des experts décidera l'affaire. S'il n'y a pas unanimité entre les experts, le juge choisira un troisième expert et fera répéter l'exploration, ou bien il demandera à chaque expert un rapport écrit et motivé, et il recourra aux instances médicales supérieures.

Code de procédure civile (*rhénan*), art. 302. — Lorsqu'il y aura lieu à un rapport d'experts, il sera ordonné par un jugement, lequel énoncera clairement les objets de l'expertise.

(Cet article ne concerne pas seulement les expertises médicales, mais les expertises de tous genres.)

Ibid., *ibid.*, art. 303. — L'expertise ne pourra se faire que par trois experts, à moins que les parties ne consentent qu'il soit procédé par un seul.

Ibid., *ibid.*, art. 317. — Le rapport sera rédigé sur le lieu contentieux, ou dans les lieux et aux jours et heures qui seront indiqués par les experts. La rédaction sera écrite par un des experts et signée par tous, etc., etc.

Ibid., *ibid.*, art. 318. — Les experts dresseront un seul rapport; ils ne formeront qu'un seul avis à la pluralité des voix. Ils indiqueront néanmoins, en cas d'avis différents, les motifs des divers avis, sans faire connaître quel a été l'avis personnel de chacun d'eux.

Ibid., *ibid.*, art. 322. — Si les juges ne trouvent pas dans le rapport des éclaircissements suffisants, ils pourront ordonner d'office une nouvelle expertise par un ou plusieurs experts, qu'ils nommeront également d'office et qui pourront demander aux précédents experts les renseignements qu'ils trouveront convenable.

Ibid., *ibid.*, art. 323. — Les juges ne sont pas astreints à suivre l'avis des experts, si leur conviction s'y oppose.

Extrait de l'ordonnance du ministre du 14 *novembre* 1841, concernant les explorations et rapports médico-légaux sur les cas douteux d'aliénation mentale. — 1° Les experts doivent s'informer, par des visites réitérées chez les personnes qu'ils veulent explorer, et par des conférences avec leurs parents et leur médecin, quel est l'état de l'esprit du malade, avant l'audience fixée par le tribunal dans laquelle ils doivent donner leur avis. 2° Dans l'audience même, les médecins feront leur rapport sur la santé physique de l'individu, sur son « *habitus*, » sa manière d'être, etc. Ils rapporteront de même complétement et en détails le résultat des entretiens qu'ils ont eus avec le malade pendant les visites qu'ils ont faites, puis ils donneront un avis provisoire sur l'état mental du malade; 3° Excepté les cas évidents, les médecins devront donner plus tard leur avis détaillé par écrit en le motivant scientifiquement.

1. J.-L. Casper, *loc. cit.*, p. 253 et suiv.

TABLE DES MATIÈRES

EN VENTE A LA MÊME LIBRAIRIE.

Paris.—Imprimerie Bonaventure et Ducessois, 55, qu

www.ingramcontent.com/pod-product-compliance
Ingram Content Group UK Ltd.
Pitfield, Milton Keynes, MK11 3LW, UK
UKHW021136260726
13994UKWH00001B/159

9 782329 378756